AUX ORIGINES DE L'HISTOIRE LITTÉRAIRE

Collection "Hypothèses"

CARRAZ Gilbert "Le Cerveau des Passions", 1972

VIERNE Simone "Rite, Roman, Initiation", 1973

CRISTIN Claude "Aux origines de l'histoire littéraire" Juin 1973

GAILLARD Christian, LEVY GRANGE Michèle, NICK Philippe et VIDAL Monique "L'architecte, lui-même et les autres", Juin 1973

Presses Universitaires de Grenoble, BP 47, 38040 Grenoble Cedex

**PRESSES UNIVERSITAIRES
DE GRENOBLE**

AUX ORIGINES
DE
L'HISTOIRE LITTÉRAIRE

Claude CRISTIN

1973

Cet ouvrage a été réalisé grâce aux fonds réunis par les amis de Claude Cristin. La souscription a été organisée par les soins de l'A.C.E.R. (Association pour une Coopérative d'Edition et de Recherche).

M. ACCARIE
F. BERRIOT
M.T. BOUREZ
E. BRUNET
J. CHUPEAU
J. CHOUILLET
J.M. COLLIGNON
A. COMPAN
M.H. COTONI
H. COULET
A. DASPRE
J. DEPRUN
R. DESNE
C. DIGEON
M. DUCHET
G. DULAC
J. EHRARD
J. EMELINA
M. FAISANT
G. FAUCONNIER
C. FELL
C.A. FOURCHOTTE
E. GAEDE
M. GILOT
J.M. GOULEMOT
L. JAMES
A. JUILLARD
C. JUILLARD
M. KOHLER
M. LABARRET
A. LABARRIERE

C. LABROSSE
C. LARMAT
R. LASSALLE
J.P. LARTHOMAS
M. LAUNAY
M. LEGAGNEUX
R. LOSNO
S. MARACHE
G. MAILHOS
M. MILNER
J. MOLINO
M. MUGNIER-POLLET
M. NARDIN
A. OTTAVJ
J. OUDART
A. PONCET
J. RICHER
D. ROCHE
M. ROUMETTE
M. SANOUILLET
J. SGARD
L. SOLER
J. SPICA
J. THIEBERGER
R. THIEBERGER
M. TOURNIER
L. VIGLIENO
W. VOISIN
E. WALTER
J.P. WEISS

HOMMAGE A CLAUDE CRISTIN

Claude Cristin est mort l'an dernier à trente-quatre ans. Quelques articles et les pages que l'on va lire sont tout ce qui nous reste du grand ouvrage qu'il voulait consacrer à *L'image du travailleur intellectuel dans la littérature française de la première moitié du XVIIIe siècle*. Ces quelques pages si denses, si riches de promesses, ses amis ont tenu à les publier, à la fois en témoignage de fidélité, et parce qu'elles leur paraissent à bien des égards exemplaires. Tous ceux qui ont connu Claude Cristin, à l'E.N.S. de Saint-Cloud, à l'Université de Los Angeles ou à la Faculté des Lettres de Nice, y reconnaîtront sa voix et son style propre, fait de gravité, de scrupuleuse honnêteté, de réserve et de chaleur contenue. Et il est vrai que ces qualités donnaient à sa présence parmi nous une densité incomparable. Il aura participé à toutes les entreprises collectives qui lui paraissaient, dans notre domaine "dix-huitièmiste", d'un intérêt immédiat : études lexicologiques ou sociologiques, dépouillement des périodiques, dictionnaire des journalistes, coopérative d'éditions. Aucune recherche ne le laissait indifférent, mais il apportait à l'effort commun une vigilance critique, une réserve teintée d'humour qui donnaient à son adhésion plus de poids. Il connaissait aussi et plus qu'un autre la solitude de la recherche, de l'aventure intellectuelle : les enthousiasmes trop prompts, les longues enquêtes, les doutes et les déceptions. Il aurait voulu que cette recherche inquiète fût solidaire de toute la recherche de son temps, que cet effort trouvât un sens dans l'effort de ses amis, de ses étudiants, de la socièté qui se définissait autour de lui. Et c'est pourquoi il écoutait beaucoup ; il croyait profondément à ce qu'il faisait et accueillait toutes les objections ; il était à la fois proche de tous et un peu en retrait. Ce mélange de conviction et de réserve, de générosité et de vigilance, c'était lui, et c'était en lui l'esprit même de la recherche.

Dans les deux chapitres liminaires de ce livre inachevé apparaît le mouvement audacieux et inquiet d'une aventure de chercheur. Il avait d'emblée choisi le sujet qui lui tenait le plus à cœur : notre condition d'intellectuels et de chercheurs. Travailleur intellectuel, il cherchait à se comprendre par rapport à ses proches d'aujourd'hui et d'hier, à cette classe de travailleurs qui est à la fois en dedans et en dehors, qui participe à tous les combats et ne cesse pas d'être exclue. Ce qu'était la condition d'écrivain dans la réalité sociale de l'ancien régime, il comprit assez tôt qu'il ne le saurait pas : la définition même de l'écrivain, de l'homme de lettres, lui

5

échappait ; nos propres problèmes et nos définitions lui voilaient la réalité historique. Découvrir dans le passé des modes de pensée et de classement totalement étrangers à notre temps lui parut plus essentiel et captivant. Aussi ne travaille-t-il que sur des documents, choisissant par goût ceux qui lui paraissent plus étranges, plus démodés et par là-même "intacts", telle l'"histoire des savants". Mais le document n'est jamais qu'un témoignage second, déjà littéraire, une "image" élaborée par ceux-là mêmes qu'elle représente. Avec une parfaite rigueur, Claude Cristin prend le parti de ne parler que d'images, qu'il va opposer les unes aux autres selon une dialectique très souple.

Il eût été facile et finalement décevant de faire la nomenclature thématique des images littéraires de l'écrivain —poètes crottés, précepteurs et régents de collège, écoliers en mal de tragédie, tâcherons faméliques—. Ces thèmes que l'on trouvera ici rapidement énumérés, sont inépuisables ; mais ils ne fournissent que des négatifs d'une désespérante monotonie. L'apport le plus original de Critin consiste à opposer à ces images "dépréciatives" les images que les mêmes écrivains donnent d'eux-mêmes dans des ouvrages spécialisés et techniques : "bibliothèques", répertoires, catalogues, histoires des savants, éloges académiques. Ces ouvrages, le plus souvent rédigés en latin, dans lesquels les savants se décrivent et définissent, à l'intention de leurs pairs, leur domaine, il a su les déchiffrer, les interpréter, en donner une première et substantielle bibliographie. Tout un champ de recherche se dessine alors, dans lequel la notion de travailleur intellectuel va trouver son plein sens. Lecteur passionné et perspicace, Cristin regarde le savant se mouvoir dans le domaine qui est le sien, la bibliothèque : chaque catalogue, précédé souvent de récits de voyages et de découvertes, organise un espace de livres, classe des connaissances, distribue les éloges et retrace ainsi le scénario d'une conquête. Alors que dans le roman, la comédie ou la satire, dans la dédicace de ses poèmes ou de ses tragédies, l'écrivain se niait lui-même, se jugeait selon les critères d'un public hostile d'aristocrates, de moralistes, de régents, détenteurs ou défenseurs du pouvoir réel, le voici qui se montre dans son "action", écrivant pour ses égaux dans une "république des lettres" sans frontière. Car ce sont bien les mêmes qui se nient et s'affirment tour à tour selon qu'ils publient une satire ou une bibliothèque, un roman parodique ou un dictionnaire : le pédant réapparaît en savant, le poète en technicien du vers ; l'écrivain honteux se présente à la postérité, égal ou supérieur aux grands capitaines.

Poser ainsi le problème, c'était, pour un chercheur moins exigent que C. Cristin, le résoudre. Tout l'y poussait en apparence : à la fin du XVIIe siècle, les images favorables tendent à l'emporter sur les images dépréciatives. En 1683-1715, Antoine Teissier publie avec un vif succès ses Eloges des hommes savants, rédigés en français à l'intention d'un nouveau public. La Bruyère pose, avec une conviction et une conscience professionnelle toutes nouvelles, les exigences du métier d'écrivain. L'essor de la presse autorise une réflexion "actuelle" sur la production littéraire, réflexion collective, tournée vers le plus large public et de plus en plus assurée de son pouvoir. Le temps n'est pas loin où l'on verra l'écrivain sortir de sa tour d'ivoire et s'annoncer comme un témoin de son temps. Or Claude Cristin refuse cette perspective finaliste qui nous eût fait entrevoir au départ le triomphe de la littérature. Trop de signes lui paraissent s'y opposer : non seulement chaque écrivain, fût-il un Montesquieu, un Marivaux, un Prévost, continue de se heurter au vieux dilemme —liberté suspecte ou assignation à ses livres, errance ou tour d'ivoire—, mais aucun statut de l'écrivain ou de la littérature ne s'esquisse. Entre le pouvoir temporel de l'aristocratie et le pouvoir spirituel du clergé, l'écrivain ne sait où se situer ; le XVIIIe siècle exalte le "philosophe" ou le "génie" mais non l'homme de lettres : aucune œuvre ne prendra pour héros l'écrivain et le seul traité qui lui soit consacré —L'Homme de lettres, réédité jusqu'en 1769— est la traduction timide d'un vieil ouvrage italien du P. Bartoli, Dell'Huomo di littere, publié en 1645 : "surprenant échec" dont il s'agit de chercher les raisons.

Persuadé que la "littérature" ou l'"homme de lettres" au sens où nous l'entendons, n'appartiennent pas aux cadres de pensée de l'ancien régime, C. Cristin se livre alors à une minutieuse enquête lexicologique. Jusqu'en 1750, Lettres et Sciences se confondent sous le même vocable de "lettres" ; la "littérature", conçue comme "érudition" ou "doctrine", englobe tous les domaines de la connaissance, au même titre d'ailleurs que le concept de "belles-lettres". Et lorsque dans l'Encyclopédie apparaît une tentative de spécialisation de la littérature, c'est pour opposer, d'une façon évasive, à ceux "qui s'attachent aux sciences abstraites", les gens de lettres "qui cultivent seulement l'érudition variée et pleine d'aménités". L'adjectif "littéraire" ne fait lui-même de carrière qu'au début du XVIIIe siècle et continuera de référer, jusque vers 1750, aux sciences aussi bien qu'aux lettres. Ainsi l'"histoire littéraire", dans les textes anciens, désignera longtemps le corps des "travailleurs intellectuels" dans sa totalité, et c'est une des raisons qui poussent C. Cristin à privilégier ce terme de préférence à celui d'écrivain ou d'homme de lettres : en agir autrement eût consisté à préjuger du résultat, ou à concevoir l'époque classique selon nos propres schémas de pensée. Il ne lui a pas été donné de mener son enquête jusqu'au moment où se définit le concept d'homme de lettres ; du moins nous montre-t-il comment il est rendu possible, et comment peu apparaître l'histoire littéraire. Il nous montre comment, de l'"histoire littéraire des savants", qui englobe toutes les connaissances, se détache progressivement notre histoire littéraire, comment la rubrique des "nouvelles littéraires", apparue dans les Mémoires de Trévoux en 1702, se développe jusqu'à susciter des périodiques intitulés Histoire littéraire, Nouvelles littéraires, Journal littéraire, dans lesquels la part effective de la littérature va croissant. La fortune de l'adjectif "littéraire", associé aux publications périodiques, s'affirme jusqu'en 1728, année où Dom Rivet lance le prospectus de son Histoire littéraire de la France, première histoire entièrement consacrée aux lettres, dans l'acception actuelle du terme. S'agit-il, cette fois, d'un avènement de la littérature ? Claude Cristin ne le croyait pas ; cette évolution lente et empirique ne lui paraissait nullement probante ; aussi cherche-t-il dans les grandes bibliographies rédigées en latin —l'"Historia litteraria"— la place effective de la littérature et de l'histoire littéraire. Il étudie les systèmes bibliographiques et leur transformation, quitte à examiner toutes les éditions de la *Bibliothèque historique* du P' Lelong. Ainsi se trouvent réunies les conditions d'une histoire littéraire, mais rien ne ressemblera, à la fin du XVIIIe siècle, à notre histoire littéraire, histoire des esthétiques successives et des grands écrivains. L'"idée d'un patrimoine intellectuel", nous dit-il, a pu se faire jour sans qu'un grand ouvrage y soit consacré ; et les écrivains ont pu répandre dans un public très vaste une image non-fictive appelant à une considération réelle, sans que leur statut en soit modifié.

Cette problématique brillante dont il se méfiait lui-même se révèle finalement éclairante jusque dans ses plus lointaines perspectives —celles que malheureusement il n'a fait qu'esquisser—. Elle permet d'intégrer des contradictions dont on pouvait à bon droit s'étonner (toute recherche repose sur la faculté de s'étonner). Il paraissait étonnant que le journaliste, premier écrivain à vivre de son métier, à entrer dans le circuit commercial, à organiser la profession et à définir son propre statut, demeure, jusqu'à la fin du XVIIIe siècle, un tâcheron méprisé. L'essor extraordinaire de la presse, auquel Cristin attache une juste importance, change les conditions de la production littéraire : la presse va structurer l'opinion, préparer le succès des œuvres, faciliter leur diffusion, susciter un dialogue entre le lecteur et l'écrivain ; il n'est pas d'écrivain qui, au XVIIIe siècle, ne se double d'un journaliste occasionnel ou permanent, point d'œuvre littéraire qui ne cherche, par la modernité, la périodicité ou l'appel à l'opinion, à profiter d'un mode de production si avantageux. Par la presse ou l'exemple de la presse, c'est toute la production littéraire qui accède au marché de l'offre et de la demande. Et pourtant, le journaliste reste méprisé : alors qu'il ouvre le chemin à l'écrivain, il continue de passer pour un parasite improductif ; alors qu'il est le premier à bénéficier de sa production et à entrer dans les sociétés d'édition, il passe pour misérable et mercenaire. Voltaire, qui se connaissait en diffusion et qu'on peut considérer comme un grand journaliste, contribue à donner du journaliste une image mythique étonnamment régressive —mais on en dirait autant de l'auteur du *Neveu de Rameau*—. Dans ses dernières hypothèses de recherche, Cristin esquissait une interprétation très large de ce phénomène. Il lui semblait que le travailleur intellectuel s'était attaché à obtenir un statut d'exécutant, de bibliographe, de technicien supérieur des lettres, mais en "jouant contre la littérature", alors que le philosophe, se réfugiant dans une condition sublime et intemporelle, dégagée de toute servitude matérielle, tendait à s'approprier le statut moral du régent ou du prêtre. Hypothèse éclairante, et qui rend bien compte, à tout le moins, d'une tentation permanente du travailleur intellectuel : les difficultés de l'enseignant-chercheur d'aujourd'hui vis-à-vis du secteur privé, ou son incapacité à contrôler sa propre production, aussi bien que le rêve d'une recherche pure et sans servitudes, en apporteraient la preuve.

Quoique préoccupé d'une sociologie du travail intellectuel, Claude Cristin ne nous donne pas d'interprétation globale de tous les faits qu'il a si lucidement rapprochés. Avec une rigueur ascétique, il se limite aux représentations, aux images, sans relation immédiate avec la réalité sociale ou économique : mais on comprend, à le lire, que ces représentations et les mentalités dont elles témoignent visent plutôt à nier l'évolution économique ou sociale, ou du moins à la travestir. Il n'ignore rien des profonds changements survenus entre 1715 et 1750 dans la production et la diffusion de la littérature, ou dans la condition sociale de l'écrivain ou du journaliste, mais il observe, entre cette conditions et l'image qu'en donne l'écrivain, un décalage irréductible. Bien loin d'offrir un reflet des réalités économiques et sociales, les représentations fictives ou non-fictives de l'homme de lettres traduisent un refus de la réalité, un rêve d'autonomie corporative ou de pouvoir aristocratique ou spirituel. Cette traduction, Claude Cristin n'en donne pas la clé ; il la suggère de place en place à titre d'hypothèse provisoire. C'est pourquoi ces pages nous paraissent, jusqu'à la fin, exemplaires : par la richesse de l'investigation, par l'appel successif à toutes les méthodes dont nous disposons aujourd'hui, par la formulation des hypothèses, mais plus encore par l'honnêteté de la démarche, par un souci de fidélité aux textes mais de liberté dans l'interprétation. Elles nous donnent, du parfait travailleur intellectutel qu'était Claude Cristin l'image fidèle. Personne ne doutera, en le lisant, qu'il n'eût écrit un grand livre. En publiant ces pages, on voudrait qu'elles suscitent d'autres recherches, d'autres livres : c'est ce qu'il eût souhaité.

Jean SGARD

BIBLIOGRAPHIE DE CLAUDE CRISTIN (1938-1972)

"Critique nouvelle et recherche collective", *Annales de la Faculté des Lettres et Sciences Humaines de Nice*, nr. 8, 1969, p. 23-27.

Compte rendu : *Le Siècle des Lumières* de J.-M. Goulemot et M. Launay, dans *French Review*, april 1969, p. 773-774.

Collaboration à l'*Introduction à la vie littéraire du XVIIIᵉ siècle* de M. Launay et G. Mailhos, Collection "Etudes Supérieures", Bordas-Mouton, 1969.

Compte rendu : "Le Festival du Livre de Nice", dans *French Review*, janvier 1970.

"Personnage méconnu, œuvre méconnue : Hortensius, Francion et Sorel", *Revue des Sciences Humaines*, janvier-mars 1970, p. 5-14.

Compte rendu : *Livre, Pouvoir et Société au XVIIᵉ siècle* (1598-1701) de H.J. Martin, dans la *Revue des Sciences Humaines*, janvier-mars 1971, p. 127-134.

"Aux origines de l'histoire littéraire française. Les *Eloges des Hommes Sçavants Tirez de l'Histoire de M. de Thou* par Antoine Teissier (1683-1715)", dans la *Revue d'Histoire Littéraire*, mars-avril 1972, p. 234-246.

Collaboration au *Dictionnaire des journalistes de langue française (1631-1789)* : notices biographiques de Ange Goudar et Antoine Teissier (à paraître).

CHAPITRE PREMIER

TENDANCES ET SIGNIFICATIONS DES REPRÉSENTATIONS TRADITIONNELLES

Pour deux raisons au moins, il nous a paru nécessaire d'ouvrir cette étude par une analyse des représentations du "travailleur intellectuel" dans la littérature française du XVIIe siècle.

Ce travail, centré sur la période qui va de 1700 à 1750, doit prendre appui sur les décennies antérieures dans la mesure où la coupure entre le siècle classique et le siècle des Lumières n'avait pas, pour les auteurs du XVIIIe siècle, le sens qu'elle a de nos jours. Cette rupture de la continuité historique est un héritage de l'histoire littéraire du XIXe siècle que refusent, aujourd'hui, bon nombre d'historiens (1). Nos analyses viendront d'ailleurs confirmer le bien-fondé de leur réaction.

La seconde raison n'est qu'un corollaire de la première. L'image que les "travailleurs intellectuels" du XVIIIe siècle ont donnée d'eux-mêmes fut, certes, composée en fonction de données propres à leur époque ; mais nous avons admis également, comme hypothèse de travail, qu'elle avait dû être inspirée tout autant par des images antérieures.

Nous sommes convaincu que la littérature se nourrit de la réalité d'une époque donnée ; mais nous savons que la littérature se nourrit, aussi, de littérature (2).

---

(1) Voir, par exemple, l'ouvrage de Paul Bénichou : *Les Morales du Grand Siècle*, Paris, NRF, 1948 ; en particulier p. 222 : "ce n'est qu'après la Révolution française, et dans une époque où il s'agissait surtout de se prémunir contre les nouveaux périls de subversion, qu'on s'est appliqué à dresser l'un contre l'autre les deux siècles. Il fallait honnir tout ce qui avait inspiré la Révolution, sans renier en bloc une tradition d'humanisme inséparable de la civilisation monarchique elle-même".

(2) L'étude des rapports dialectiques entre la littérature et la réalité, doit admettre que, pour un auteur, la littérature passée fait partie intégrante de la "réalité". Ce phénomène est sans doute l'une des explications de l'autonomie relative de la littérature, considérée comme superstructure, par rapport aux infrastructures.

Le sujet même de notre travail — ces images écrites des "travailleurs intellectuels" qui ne peuvent être élaborées que par eux-mêmes —, et la fréquentation d'une République des Lettres constituée de milieux clos, nous ont rendu particulièrement sensible à ce phénomène.

Notre analyse, en ce qui concerne le XVIIe siècle, ne repose évidemment pas sur un dépouillement exhaustif de la littérature de l'époque. Partant des représentations de l'homme de Lettres les plus connues, fournies par les œuvres de Régnier ou de Boileau, de Desmarets ou de Molière, de Sorel, de Furetière ou de La Bruyère, nous avons élargi notre champ de recherche d'une façon pour ainsi dire concentrique. Dès l'abord, nous avons remarqué que les images célèbres (3) appartenaient à un secteur limité de la production littéraire : celui des "Belles-Lettres", selon la terminologie classique ; et plus précisément, à l'intérieur de cette catégorie, aux genres mineurs qu'étaient la satire, la comédie, le roman "comique". Par ailleurs, il nous a paru légitime d'examiner les dédicaces qui précèdent souvent ces ouvrages, car les auteurs mettaient un soin tout particulier à s'y représenter.

Mais au fil des lectures nous avons été conduit à explorer un domaine tout différent, qui avait nom alors : "Histoire Littéraire des Sçavans". Domaine rarement considéré en lui-même et généralement exploité comme source bibliographique. Or, la représentation des littérateurs était l'objet même de cette partie de la production littéraire classique.

Dans tous ces cas, — genres mineurs, dédicaces, "histoire littéraire des sçavans" — nous avons travaillé sur un nombre de textes relativement limité pour une aussi vaste période. Mais, une fois établies, nos conclusions ont été confirmées par de multiples vérifications dans d'autres ouvrages. Pour terminer ces remarques de méthode, nous ajouterons qu'à notre connaissance aucun ouvrage de l'époque n'est consacré à une étude systématique de l'homme de lettres (4). Indice significatif, dont l'intérêt est loin d'être seulement méthodologique.

A l'examen de l'ensemble de ces textes, deux faits frappants apparaissent qui ont dicté le plan de notre analyse. En premier lieu, les différentes images rencontrées se répartissent facilement en deux catégories opposées : images favorables/images défavorables du "travailleur intellectuel".

En second lieu, il se trouve que ces deux catégories d'images correspondent presque exactement aux deux sections distinctes de la production littéraire : images défavorables dans les genres mineurs des Belles-Lettres, images favorables dans l'Histoire Littéraire des Sçavans. Chacun de ces faits mérite d'être examiné pour lui-même avant que des conclusions soient tirées d'une opposition qui, au premier abord, a de quoi étonner.

_____

(3) Célèbres pour l'homme du XXe siècle : la sélection effectuée par la postérité dès le XVIIIe siècle n'offrait évidemment pas le même palmarès.

(4) On ne peut en effet considérer comme ouvrages systématiques, ni le discours académique de Rampalle sur "L'inutilité des gens de Lettres" (in : *Discours académiques du Sieur De Rampalle*. A Paris, chez Augustin Courbé – MDCXLVII), ni la *Guerre des Auteurs* de G. Guéret (Paris 1671), ni tel traité de Sorel où les indications sont abondantes mais partielles. Une seule exception est donc à noter : la traduction de l'ouvrage du Pére Daniello Bartoli, *Dell'Uomo di Lettere* (voir plus loin IV).

I

LES IMAGES DEPRECIATIVES DU LITTERATEUR

Comédies, romans et satires s'en tiennent, au XVIIe siècle, à un petit nombre de types de littérateurs : le poète et le "poète crotté" ; le docteur, le pédant, ou le régent de collège ; enfin celui que nous appellerions aujourd'hui l'érudit. Ces types relèvent de traditions plus ou moins anciennes ; mais la reprise même et la combinaison de modèles anciens ou antiques constituent un fait significatif. Toutefois, le phénomène le plus intéressant pour nous reste la similitude des traits dépréciatifs qui composent ces multiples représentations. C'est pourquoi il ne paraît pas arbitraire de rassembler ces éléments constitutifs sans tenir compte ni de leur date d'apparition, ni de leurs significations momentanées (allusions personnelles, arguments d'un débat particulier, etc.).

L'ensemble recompose l'une des deux images que les "travailleurs intellectuels" du siècle ont donnée d'eux-mêmes, et permettra d'en dégager la signification.

Portrait reconstitué

Nous noterons en premier lieu une série de travers strictement professionnels. Qu'il soit poète ou enseignant, le littérateur ne peut s'empêcher d'étaler complaisamment ses compétences et son savoir. Le Docteur de la *Jalousie du Barbouillé* (sc. I, sc. 6), le Maître de Philosophie du *Bourgeois Gentilhomme* (II, 3 et 4) ressemblent sur ce point au poète importun dont se plaint Scarron : auteur, déjà, de quatre cent mille vers, il projette d'en consacrer cent mille autres à une "Histoire Universelle" (5). Poète et Docteur prétentieux sont d'ailleurs réunis dans une même comédie de Montfleury (6). Le pédant, – ou le régent de collège, type nouveau qui hérite des traits distinctifs du "Docteur" de la vieille comédie (7) –, ont leur façon propre de faire montre de leurs connaissances : ils résolvent les problèmes de la vie quotidienne grâce à des préceptes tirés des Anciens. Ainsi Platon est-il cité par le Docteur du *Mariage de Rien* pour justifier le célibat ; Granger dans *Le Pédant Joué* (8) ou Monsieur Josse dans *le Fidelle* de Larivey (9) procèdent d'une façon analogue. Les préceptes sont toujours cités et toujours en latin.

---

(5) P. Scarron : *Epitre chagrine à Monsieur d'Elbène, ou Satyre Troisième ;* dans F. Fleuret et L. Perceau : *Les Satires françaises du XVIIe siècle,* t. II, Paris, 1923, pp. 63 et suiv.

(6) Cf. *Théâtre de Messieurs de Montfleury Père et Fils,* t. I, nouvelle édition, Paris, 1739, pp. 65 et suiv. : "Le Mariage de Rien".

(7) Cf. Tristan l'Hermite : *Le Parasite,* Comédie ; Edition J. Madeleine, S.T.F.M., Paris, 1934, Préface.

(8) Cf. *Les œuvres Libertines de Cyrano de Bergerac,* éd. F. Lachèvre, Paris 1921, t. II, pp. 5-91 ; scène I.

(9) Cf. *Trois Comédies des six dernières de Pierre de Larivey, Champenois* ... Troyes, 1611 ; acte I, scène 3, scène 4, acte II, scène 14, etc.

Le Métaphraste du *Dépit Amoureux* (acte II, scène 7), le Mamurra du *Grondeur* (10) et beaucoup de leurs semblables sont atteints à la fois de "citomanie" et de "latinomanie". Le trait est poussé dans *"La Constance"* de Larivey puisque le valet Blaise est tellement habitué à fréquenter le pédant Fidence qu'il apprend le latin sans s'en apercevoir (11). Ces traits, si souvent repris et combinés se ramènent à un trait commun : au-delà du ridicule des tics de langage ou de pensée, on comprend que tous ces personnages n'ont qu'un langage et une pensée d'emprunt. De ce fait, pédants et régents peuvent être rapprochés des personnages de poètes (ou plus généralement d'auteurs) si souvent ridiculisés parce qu'ils sont de serviles imitateurs ou des plagiaires (12).

Un dernier travers professionnel étroitement lié à toutes leurs manies, réunit l'ensemble de ces personnages : leur vanité même d'intellectuels. Vanité de l'importun sévèrement jugée par la bonne société, ou vanités qui s'exacerbent mutuellement lorsque plusieurs littérateurs se rencontrent et en viennent, immanquablement à se quereller. Les noms de Trissotin et de Vadius suffisent ici, et il n'est pas nécessaire d'énumérer les exemples à propos d'un thème où romanciers, poètes et auteurs dramatiques sont si manifestement unanimes.

Aux travers professionnels s'en ajoutent d'autres, que les "travailleurs intellectuels" découvrent dans leurs rapports avec autrui. Le premier, l'autoritarisme, n'est qu'une déformation explicable chez les pédagogues ; mais il n'est pas moins fréquent chez les habitants du Parnasse, même s'il prend chez eux la forme d'une arrogance hautaine. La plupart des exemples précédemment cités pourraient être repris ici. Au contact d'autrui, cette trop haute conscience de soi tourne parfois au délire ; les exemples ne manquent pas de cette folie évoquée par Boileau dans la satire VIII à propos de Colletet, ou illustrée par Sorel dans le *Francion* avec le personnage d'Hortensius (13). Certaines représentations de littérateurs apparaissent comme une inversion de ce thème : au lieu de l'autoritarisme c'est une radicale impuissance, mélange de faiblesse et de bêtise ; cuistres, régents de collège, poètes faméliques ou sçavans laborieux peuvent, ici encore, être rapprochés. Mais, dans un cas comme dans l'autre, ces travers déterminent très souvent une autre inaptitude à la vie sociale. La maladresse en amour, attribut du Docteur de la vieille comédie, reste attachée à ce personnage au XVIIe siècle, comme en témoigne par exemple la comédie de Le Vert intitulée *Le Docteur Amoureux* (14), ou

---

(10) Cf. *Chefs-d'œuvre des auteurs comiques*, t. III, Paris 1845, pp. 3-68 : *Le Grondeur*, de D.A. de Brueys et J. Palaprat.

(11) Cf. P. de Larivey, ouvr. cit., acte IV, 4.

(12) Cf. L'exemple du Poète Amidor, qui est, à lui seul, une vraie "Pléiade travestie" selon H.G. Hall, *Les Visionnaires*, comédie de Desmarets de Saint Sorlin, S.T.F.M., Paris, 1963, Introduction.

(13) On rencontre un "philosophe" et plusieurs poètes dans *l'Hôpital des Fous*, tragi-comédie de Beys, 1635. Citons également le "Poète extravagant" (1653) dont se moque Oudin de Préfontaines.

(14) Paris, 1638. Cf. L'édition de A.J. Guibert, Genève, Paris, 1960.

l'acte III de *La Comédie sans Comédie* auquel Quinault donne un titre particulier : le "Docteur de Verre" (15). Le régent de collège, qu'il s'appelle Monsieur Josse (chez Larivey) ou Hortensius (chez Sorel) hérite de cette incapacité. Mais le thème trouve encore une nouvelle extension puisqu'il est également illustré par de nombreux personnages de poètes. Ainsi le narrateur de la Satire XIII met-il Macette en garde contre un mari poète ("croté") (16). Le poète fécond qui visite Scarron, pour sa part, ne peut même pas supporter les présences féminines :

"Je suis bien malheureux qu'à l'abord de ces Belles
Leur parfum m'ait causé des syncopes mortelles . . . ". (17)

Autoritarisme, folie, maladresse amoureuse ou hostilité à l'amour se trouvent souvent réunis pour donner certaine vraisemblance au type du vieillard ridicule. Et l'on comprend comment un dernier trait social dépréciatif, l'avarice, peut parfois s'adjoindre aux précédents. La "lésine" proprement dite est le fait des savants ou des pédants :

"D'autant qu'un vray pédant est toujours lézinesque" . . . , affirme Annibal de Lortigues dans son "Invective contre un Pédant" (18). Chez le "Poète" (auteur de poésies ou auteur dramatique) le thème prend la forme particulière du parasitisme. M.J. Madeleine, retraçant l'histoire du type dans sa préface au *Parasite* de Tristan (19), signale qu'au XVIIe siècle le personnage du parasite est souvent lié à celui du matamore. Il nous paraîtrait tout aussi important de souligner que le XVIIe siècle consacre la fusion de deux types traditionnels : le littérateur ridicule et le parasite.

Nous terminerons cette reconstitution par un ensemble de traits qui viennent mettre un comble à l'image dépréciative des "travailleurs intellectuels", alors qu'ils appartiennent au domaine le plus éloigné des choses de l'esprit : celui des apparences extérieures. Ainsi de la laideur physique et, surtout, celle du visage. Elle est évidemment remarquée chez le poète "crotté" (celui de Saint Amant, par exemple), ou chez celui que Th. de Viau appelle le "poète sauvage" :

"La barbe mal peignée, un œil branslant et cave,
Un front tout renfrogné, tout le visage have . . . ". (20)

---

(15) *Théâtre de Quinault* . . . A Paris chez Pierre Ribou, 1715, t. I, pp. 259 et suiv. ; l'amour fait naître chez le personnage une folie burlesque qui sera cause de son échec auprès d'Isabelle. On rencontre à peu près toutes les possibilités de combinaison des différents motifs satiriques énumérés jusqu'ici.

(16) Cf. *Œuvres complètes de Mathurin Régnier*, éd. J. Plattard, Les Textes Français, Paris, 1954, pp. 121-122.

(17) Cf. *Epitre chagrine à Mr. d'Elbène*, ou *Satyre Troisième*, dans Fleuret et Perceau, ouvrage cité, p. 64. Le "malheureux", au moment de se retirer, trébuche et s'allonge de tout son long. Quelques vers plus loin Scarron conclut que "poètes et fous sont d'un même métier".

(18) Cf. Fleuret et Perceau, ouvrage cité, t. I, pp. 79-81.

(19) Paris, S.T.F.M. 1934, ouvr. cité.

(20) Fleuret et Perceau, ouvrage cité, t. I, pp. 130-135 : *Satyre Troisième*.

Dans le *Mariage de Rien* (21), la jeune Isabelle, à qui tous les prétendants plaisent, déplore pourtant que celui qui se présente comme poète ne soit pas beau. Savants et pédants ne semblent pas avoir été mieux pourvus par la nature.

Telle épigramme de Maynard :

"Docteur de qui le nez est couvert de rubis,
Ne cherchez la Grèce en la carte du monde :
Puisqu'il plait à la soupe, elle est sur vos habits . . . ", (22).

paraît sobre et délicate à côté de "l'Invective contre un Pédant" de Lortigues, ou du portrait que la malicieuse Genevote brosse de Granger, le "pédant joué" (23). Dans la plupart des cas cette laideur caractérise tout le corps de "l'intellectuel", disgracieux quand il n'est pas difforme. Les traits sont innombrables qui soulignent les postures inélégantes et l'allure grotesque. Mais ce sont à coup sûr les notations concernant les vêtements qui constituent la plus grande partie de l'arsenal descriptif. Sur ce point la verve satirique est d'une exceptionnelle précision. Saint-Amand montre successivement le chapeau, le pourpoint, les grègues, le "rocquet" (ou petit manteau), la "jartière" et les bottes de son "poète crotté" (24).

Scarron remarque, chez son importun, la perruque, les galons, la reingrave, les canons (25). Les détails de ce genre ne sont pas moins nombreux dans le *Francion* où Sorel décrit toutes les espèces de la faune intellectuelle parisienne. Dans le quatrième livre par exemple on assiste au défilé burlesque du "Recteur de l'Université (de Paris), avec les Procureurs de la Nation, et ses autres suppôts" qui viennent rendre leur visite annuelle au Roi :

"Les courtisans qui étaient là glosèrent sur leurs habits. Ils s'estonnèrent des chaperons de ces Chaffourez et comparèrent la grande escarcelle que porte le Recteur à celle ou maîstre Gonin mettait ses instruments pour faire des tours de passe-passe (. . .) Mais ce qui les fit le plus rire fut la crotte qui était sur les robes des Pédans comme de la broderie" (26).

Au livre cinquième, le poète pauvre Musidore offre un spectacle aussi peu ragoûtant à Francion qui lui rend visite. Encore Musidore a-t-il l'idée, lorsque son libraire est généreux, d'aller renouveler sa garde-robe chez le fripier. La chose est si exceptionnelle que le titre du livre qui a valu la gratification devient le nom du vêtement. Ainsi Musidore exhibe "(son) haut-de-chausse du *Grand Olympe* et (son) pourpoint de l'*Héliotrope*" (27).

---

(21) Montfleury, ouvrage cité.

(22) *Poésies* de François Maynard, éd. F. Gohin, Paris, Garnier, 1927, p. 280.

(23) Cyrano de Bergerac, ouvrage cité, acte III, scène 2.

(24) Fleuret et Perceau, ouvrage cité, t. I, pp. 194 et suivantes.

(25) Ibid., t. II, pp. 63 et suivantes.

(26) *Romanciers du XVIIe siècle*, éd. A. Adam, Paris, Gallimard, 1958, pp. 1280-81 (addition de 1626).

(27) *Histoire comique de Francion*, éd. E. Roy, Paris, Hachette 1924, t. II, pp. 91 et suivantes.

Sorel exploitera la même veine avec le Musigène de son *Polyandre* ou le Phylomythe du *Tombeau des Romans*. Et il est amusant de voir que Sorel héritera des traits ridicules de ses personnages lorsqu'il deviendra, lui-même, sous l'anagramme de Charoselles, un personnage du *Roman Bourgeois* de Furetière. Nous retrouvons par ailleurs dans cette œuvre un poète famélique du nom de Mythophilacte dont F. Nicolet a établi la généalogie (28).

La continuité de ce thème satirique n'est d'ailleurs pas moins frappante que sa richesse. Ainsi le voit-on exploité, à la fin du XVIIe siècle, pour un type nouveau d'intellectuels, les nouvellistes et leurs greffiers, dont Pierre du Camp d'Orgas donne le portrait suivant :

"Sa mine vous surprend, sa barbe vous menace,
Son habit en hyver vous transit et vous glace,
Son chapeau sans cordon tremble au moindre zéphyr,
Ses cheveux mal peignés vous marquent son loisir,
Son manchon vous parait sauvé d'incendie,
Et l'on dirait toujours qu'il sort de maladie" (29).

La mine et la mise du littérateur permettent donc à elles seules de l'identifier ou de le reconnaître à distance. Régnier, déjà, s'en plaignait dans la *Satire II* :

"Aussi, lorsque l'on voit un homme par la rue,
Dont le rabat est sale et la chausse rompue,
Ses grègues aux genoux, au coude son pourpoint,
Qui soit de pauvre mine et qui soit mal en point,
Sans demander son nom, on peut le reconnaître ;
Car si ce n'est un Poète au moins il le veut estre" (30).

L'assertion est en quelque sorte vérifiée, un demi siècle plus tard, par le Clitrande des *Femmes Savantes* qui dit de son rival Trissotin qu'il le connaissait "avant que l'avoir vu" :

"Et j'en avais si bien deviné tous les traits,
Que rencontrant un homme un jour dans le Palais,
Je gageai que c'était Trissotin en personne,
Et je vis qu'en effet la gageure était bonne" (31).

Un siècle après Régnier, le thème est même devenu un procédé dramatique ou romanesque comme on le voit dans un épisode de *Gil Blas de Santillane* :

---

(28) Cf. "La condition de l'homme de lettres au XVIIe siècle à travers l'œuvre de deux contemporains : Charles Sorel et André Furetière", *R.H.L.F.* Juillet-Septembre 1963, pp. 369-393. Ce très riche article ne représentait que les premiers résultats d'un travail de recherche dont le cours fut tragiquement interrompu.

(29) Fleuret et Perceau, ouvrage cité, t. II, pp. 163 et suivantes, Satire VIII.

(30) *Œuvres complètes* de Mathurin Régnier, éd. J. Plattard, Paris 1954, p. 18.

(31) Molière, *Œuvres complètes*, éd. R. Jouanny, Paris, 1969, t. II, p. 690 ; acte I, scène 3, vers 265-268. Voir aussi dans le *Francion* de Sorel, éd. Roy, t. II, p. 75, le "grand jeune homme maigre et pasle, qui avait les yeux esgarez et la façon toute extraordinaire ... " : avant qu'il ne dérobe un livre dans la boutique du libraire, le héros l'a reconnu pour un poéte.

"... Notre petit laquais vint dire tout haut à ma maîtresse : Madame, un homme en linge sale, crotté jusqu'à l'échine, et qui, sauf votre respect, a tout l'air d'un poète, demande à vous parler. Qu'on le fasse monter, répondit Arsénie. Ne bougeons point messieurs, c'est un auteur. Effectivement, c'en était un" (32).

Ainsi relève-t-on, indistinctement, chez le littérateur, sa négligence, son manque de goût ou son manque de moyens matériels, sa méconnaissance du bon ton et des bienséances. Une dernière touche est jointe en général à cette image de l'intellectuel, toujours considéré en dehors de l'exercice de ses fonctions. Proche des précédentes, dont elle est comme une annexe, elle concerne la vulgarité des mœurs. Gourmandise et goinfrerie se retrouvent fréquemment chez le pédant (chez Gastrimarge, par exemple, dans le *Polyandre,* de Sorel), mais aussi chez le poète (voir la *Satire II* de Régnier). L'un et l'autre, chose plus grave, fréquentent volontiers les lieux publics de médiocre ou de mauvaise réputation ; le "poète crotté" de Saint-Amant en donne une liste éloquente (33). Sans doute est-ce là qu'ils contractent leurs habitudes de négligence et cette sorte de saleté extérieure par laquelle nous avons voulu terminer.

Une première conclusion se dégage de cette brève reconstitution ; les traits descriptifs (dépréciatifs) sont d'autant plus variés et nombreux qu'ils touchent moins directement le "travailleur intellectuel" comme tel, dans l'exercice de ses fonctions. Nous aurions pu traduire matériellement le fait, car il nous eût été facile d'accroître le nombre des exemples et des citations à mesure que nous écartions des manies professionnelles pour passer à la rubrique des attitudes extra-professionnelles, puis à celle des apparences extérieures.

La conclusion peut donc être formulée en termes plus précis : les littérateurs, dans leur façon de se représenter et de se juger, semblent avoir retenu des critères d'appréciation qui sont, dans leur majorité, étrangers au monde du savoir et de l'esprit.

Avant de chercher à expliquer ce phénomène nous devons considérer deux autres motifs descriptifs : le parallèle entre la gloire littéraire et la gloire militaire, les plaintes des auteurs sur leur pauvreté. Nous les avons volontairement écartés de la reconstitution précédente : on n'imagine pas, à première vue, qu'ils puissent appartenir à une image dépréciative. Bien souvent pourtant, ils s'y trouvent intégrés et d'une façon cohérente. En les étudiant à part nous éclaircirons ce paradoxe et, par là, nous avancerons dans la compréhension générale de l'image dépréciative.

---

(32) Lesage, *Histoire de Gil Blas de Santillane,* éd. M. Bardon, Paris, Garnier, 1962, t. I, pp. 186-187.

(33) Il y inclut "L'hôtel de Bourgogne et ses comédiens" ; mais l'on sait grâce à Sorel que le dit Hôtel : "... autrefois... n'était qu'une retraicte de basteleurs grossiers et sans Art ... Ce n'était que la canaille de Paris qui les allait là escouter". *La Maison de Jeux,* Paris, Nicolas de Sercy, 1642, t. I, p. 426.

Gloire littéraire et gloire militaire

Ce premier thème avait une très ancienne origine. Pour s'en tenir au domaine français, l'on se rappelle les débats entre le clerc et le chevalier, si nombreux dans la littérature médiévale. Ils tournent souvent au désavantage du second, comme le rappelle M.J. Le Goff qui ajoute, à propos de ce "groupe étrange d'intellectuels" que sont les Goliards :

"Pour l'intellectuel urbain, les combats de l'esprit, les joutes de la dialectique ont remplacé en dignité les faits d'armes et les exploits guerriers" (34).

Le même thème trouve une fortune nouvelle au XVIe siècle, et particulièrement avec les poètes de la Pléiade. Mais l'issue du débat entre le soldat et l'intellectuel semble, aux yeux de celui-ci, demeurer incertaine. Les confidences du Du Bellay lui-même en témoignent :

"Je me suis volontiers appliqué à notre poésie, excité de mon propre naturel, et par l'exemple de plusieurs gentiz espritz françois, mesmes de ma profession, qui ne dédaignent point manier et l'épée et la plume, contre la faulse persuasion de ceux qui pensent tel exercice de lettres déroger à l'estat de noblesse" (35).

Il n'en va pas différemment au XVIIe siècle, où le parallèle est notamment repris dans les satires contre l'Honneur. Certes, Régnier est sans indulgence pour la gloire des armes dans La Satire VI, dédiée à Monsieur de Béthune :

"Pour oracle on tiendra ceste croyance folle,
Qu'il n'est rien de si beau que tomber bataillant,
Qu'au despens de son sang, il faut estre vaillant,
Mourir d'un coup de lance ou du choc d'un pique,
Comme les Paladins de la saison antique . . . ".

Il n'ose pas pour autant proposer que l'on reconnaisse aux littérateurs cette gloire refusée aux conquérants. Au contraire, dans les premiers vers de cette sixième satire, il avoue n'être pas même digne de chanter les hauts faits du dédicataire, ou de ses ancêtres "en armes glorieux". Dans la satire XI, dédiée à Monsieur de Valincour, Boileau se montre également modeste.

D'une part il ne s'en prend qu'à l'"injuste guerrier" (vers 75) ; d'autre part, loin de lui opposer le modèle de sa propre dignité, ou celle d'un littérateur de son temps, il se contente d'une allusion à Socrate (vers 90) dont la sagesse vénérable et reconnue n'a rien de compromettant. Il faut que le parallèle soit traité sur le mode burlesque pour qu'une égalité réelle soit reconnue. Ainsi dans le *Francion* :

---

(34) *Les Intellectuels au Moyen-Age,* éd. du Seuil, s.l.n.d., (Paris, 1957), p. 39. Ce rappel est formulé dans le cadre d'une évocation exaltante des conditions du travail intellectuel au XIIe siècle. Cette période faste s'achève deux cents ans plus tard ; à partir de là "il n'y (aura) plus avant des siècles en Occident, de travailleur intellectuel" (p. 139).

(35) Préface de la seconde édition de l'Olive, cité dans : Weber, *La Création Poétique en France au XVIe siècle,* t. I, p. 74.

"Je veux que mon estat (l'estat dont je suis le chef, la Pologne) soit bigarré et qu'il soit autant pour les lettres que pour les armes"... (36).

Mais seul le pédant ridicule, Hortensius, peut montrer semblable prétention. Le combe est mis à sa sottise lorsqu'on le voit aller plus loin encore, jusqu'à affirmer la supériorité des Lettres sur les Armes, jusqu'à décider que :

"Personne ne sera reçu Capitaine s'il ne scait tout par cœur l'Amadis et le Chevalier du Soleil ..." (37)

et jusqu'à répondre à la belle Frémonde :

"qu'elle faisait mal de mespriser les hommes de lettres, qui sans doute doivent plutôt estre estimez nobles que les hommes d'armes ; que toutesfois puisque c'estoit sa volonté, il prendroit l'épée, et que la profession qu'il avoit toujours suivie ne dérogeoit point à la noblesse de ses ancêtres dont il lui donneroit des preuves" (38).

C'est par l'absurdité comique que Sorel exprime ici son opinion, toute proche de celle de Régnier ou du Boileau des Satires.

Il n'est guère étonnant de voir Racine, dont la carrière de littérateur et de courtisan fut exceptionnellement brillante, adopter une position différente. R. Picard n'a pas manqué de relever les textes consacrés à ce parallèle entre la gloire littéraire et la gloire militaire qui jalonnent la "carrière de Racine" (39). Les premiers sont d'un jeune littérateur qui ne croit pas inutile de forcer son arrogance. L'égalité proclamée avec les grands capitaines prend alors un caractère revendicatif ; mais elle provoque des réactions de la part des littérateurs eux-mêmes (40) ! Aussi trouvons-nous un intérêt plus grand aux textes qui datent d'une époque où Racine est au faîte de sa gloire, et notamment à ce Discours, composé pour la réception à l'Académie de MM. de Corneille et de Bergeret, et lu publiquement à la séance du 2 janvier 1685. Les circonstances dans lesquelles elle a été formulée donnent à cette prise de position une importance particulière. Dira-t-on qu'il était plus aisé que partout ailleurs de prendre la défense des lettres devant les glorieux académiciens ? Mais la gloire même d'une Académie patronnée et surveillée par le Pouvoir, comptant parmi ses membres de très hauts dignitaires, incitait les auteurs-courtisans à la prudence et à la modestie. C'est ainsi, croyons-nous, qu'il faut comprendre l'audace mesurée de Racine :

"Que l'ignorance rabaisse tant qu'elle voudra l'éloquence et la poésie, et traite les habiles écrivains de gens inutiles dans les Etats, nous ne craindrons point de le dire à l'avantage des Lettres et de ce corps fameux dont vous faites maintenant partie : du moment que des esprits sublimes, passant de bien loin les bornes communes, se distinguent, s'immortalisent par des chefs-d'œuvre comme ceux de Monsieur votre

---

(36) *Histoire comique de Francion,* éd. E.Roy, Paris, Hachette, 1924, t. IV, p. 52.

(37) Ibid., t. IV p. 53.

(38) Ibid., t. II, p. 36.

(39) R. Picard, *La Carrière de Jean Racine,* Paris, 1956 ; notamment p. 64, p. 220, pp. 376-378.

(40) Cf. Pinchesne, *Poésies Meslées,* Paris 1672, p. 297, cité par R. Picard, ouvr. cité, p. 64.

frère, quelque étrange inégalité que durant leur vie la fortune mette entre eux et les plus grands héros, après leur mort cette différence cesse. La postérité (...) ne fait point de difficulté de les égaler à tout ce qu'il y a de plus considérable parmi les hommes, fait marcher de pair l'excellent poète et le grand capitaine" (41).

L'égalité est certes proclamée avec le plus grand sérieux ; l'interprétation littérale s'impose donc ici. Mais l'égalité n'est acquise qu'au prix de la reconnaissance de son caractère exclusivement posthume. Aussitôt qu'admise elle se trouve donc rejetée de la réalité et refusée aux auteurs vivants. Elle apparaît dès lors comme une revendication pour l'au-delà qui n'autorise absolument pas la remise en cause des inégalités du présent, quelqu'"'étranges'' qu'elles puissent être jugées. Nous interprétons dans le même sens la remarque de La Bruyère :

"La vie des héros a enrichi l'histoire et l'histoire a embelli les actions des héros : ainsi je ne sais qui sont plus redevables, ou ceux qui ont écrit l'histoire à ceux qui leur en ont fourni une si noble matière, ou ces grands hommes à leurs historiens" (42).

De façon significative, cette réciprocité des mérites n'est évoquée qu'au passé et que pour le passé. N'eût-elle pas, autrement, placé l'historiographe Racine par exemple, ami de la Bruyère, sur le même pied que les grands capitaines dont il consignait les hauts faits ?

La signification de l'image que les littérateurs donnent d'eux-mêmes nous paraît s'éclairer doublement après l'examen de ce thème. D'une part, aucune restriction ne semble devoir être apportée à son orientation dépréciative. Il se confirme, d'autre part, que les critères d'appréciation retenus appartiennent à des univers étrangers à la République des Lettres : extériorité sociale (les Armes, la Noblesse) et, si l'on peut dire, extériorité temporelle (la postérité).

Les auteurs et leur pauvreté

La plupart des autoportraits sont, eux aussi, défavorables. Pourtant, constitués généralement par les plaintes des auteurs sur leur pauvreté personnelle, on voit en quoi ils pourraient être moins complètement dépréciatifs : ne visent-ils pas à suggérer, indirectement, une image idéale de leurs auteurs respectifs ?

Dans le premier volet de ces autoportraits, les auteurs n'hésitent pas à se dépeindre de la façon la plus déplaisante, s'appliquant à eux-mêmes les traits qu'ailleurs ils réservent au poète crotté ou au pédant. Régnier, dans sa deuxième satire, s'attribue une place de choix dans la galerie d'auteurs piteux qu'il compose. Si l'on ne retrouve pas le même amalgame dans la *Satire I* de

---

(41) *Œuvres Complètes* de Racine, N.R.F., Coll. de la Pléiade, Paris 1960, t. II, p. 346.
(42) La Bruyère, *Caractères*, I, 12.

Boileau, on y trouve pourtant l'accablant portrait de ce Damon auquel l'auteur prête sa voix :

"(Damon) qui n'estant vestu que de simple bureau
Passe l'été sans linge et l'hyver sans manteau :
Et de qui le corps sec, et la mine affamée,
N'en sont pas mieux refaits pour tant de renommée,
Las de perdre en rimant et sa peine et son bien,
D'emprunter en tous lieux, et de ne gagner rien,
Sans habits, sans argent, ne sachant plus que faire,
Vient de s'enfuir chargé de sa seule misère".

Un élément absent des portraits anonymes ou fictifs, apparaît toutefois dans les autoportraits. S'ils sont d'abord piteux, ils deviennent ensuite pitoyables. Dans un deuxième temps en effet, les auteurs montrent qu'ils ne sont pas responsables du triste spectacle qu'ils offrent. Ils se considèrent comme des victimes et mettent en accusation la société dans laquelle ils sont si mal accueillis. Comment pourrait-il en être autrement explique Régnier :

"Si la science, pauvre, affreuse et mesprisée
Sert au peuple de fable, aux plus grands de risée ;
Si les gens de Latin des sots sont dénigrés
Et si l'on est docteur sans prendre ses degrés . . . " (43)

Sur le même ton, Théophile de Viau déplore que l'on ne veuille point reconnaître à leur juste valeur le travail et les mérites du poète :

"Ce mestier est pénible et nostre saincte estude
Ne cognoist que mépris, ne sent qu'ingratitude ;
Qui de nostre exercice ayme le doux soucy
Il hayt sa renommée et sa fortune aussi" (44).

Les auteurs ne seraient donc point responsables de leur sort. En effet, non seulement ils sont tenus d'asservir leur Muse ou de faire profiter autrui de leur savoir, mais ils n'ont aucune part dans la "prisée" de leur production. Celle-ci est systématiquement sous-estimée et dépréciée :

"L'ignorant, qui me juge un fantasque resveur,
Me demandant des vers, croit me faire faveur
Blame ce qu'il n'entend, et son âme estourdie
Pense que mon sçavoir me vient de maladie"(45).

Les auteurs trouvent en général des causes identiques pour expliquer la déconsidération dont ils souffrent. Aux explications d'un Angot de l'Esperonnière :

". . . aux charges d'honneurs sera doresnavant
Le plus riche pourveu et non le plus savant (46).

---

(43) M. Régnier, *Œuvres Complètes,* éd. Les Belles-Lettres, Paris 1954, pp. 26-27.

(44) Th. de Viau, *Satire troisième,* dans : Fleuret et Perceau, ouvr. cité, t. I, p. 130.

(45) Ibid., p. 131.

(46) Ibid., T. I, p. 115.

font écho celle d'un Pierre Henry :

"... Dans un haut crédit l'avide publicain
(...)
Nage dans les plaisirs que produit l'opulence,
Dans le temps que Timon, hérissé de science,
Languissant, négligé, dans un triste réduit
Doit même le papier sur lequel il écrit" (47).

Régnier, Boileau ou Furetière estiment de la même façon que les auteurs, à la différence des médecins ou des juges, sont misérables parce que leur profession n'offre aucune possibilité d'enrichissement rapide et facile ; ou bien parce que les grands, dont tout dépend, leur préfèrent les financiers, les partisans, les nouveaux riches, les flatteurs de toute espèce. A les en croire, les auteurs ne font donc que survivre, et comme en marge d'une société où aucune place ne paraît pouvoir leur être reconnue.

Placés dans une situation inacceptable, ils tentent de s'en dégager. Les solutions auxquelles ils ont recours sont de deux types. Celle de Régnier dans la troisième *Satire* ou celle de Boileau dans *l'Epitre XI* appartiennent à la première catégorie. Elles consistent à renoncer à toute espérance d'ascension sociale, à toute reconnaissance légitime des mérites. L'auteur prend acte du mépris dont on l'accable et décide de se tenir à l'écart de la société. C'est dans une retraite frugale et studieuse qu'il ira poursuivre l'exercice de son "mestier". L'image que l'auteur donne alors de lui-même rappelle singulièrement celle du sage antique. Francion (48) ou Théophile de Viau réagissent différemment. Puisque l'exercice des Lettres n'apporte que déceptions, ils s'appliqueront à réussir dans des domaines plus nobles et mieux considérés, reléguant leur ancienne activité au rang d'un agréable délassement. Dès lors, c'est à peine s'ils apparaissent encore comme des littérateurs.

S'ils sont moins uniment dépréciatifs, les autoportraits sont donc loin de constituer une image idéale de leurs auteurs. Dans un cas en effet la solution trouvée préserve l'activité intellectuelle mais elle implique la renonciation à la société. Dans l'autre cas c'est la littérature qui est sacrifiée à l'épanouissement social. Ou bien le littérateur offre un portrait favorable de lui-même à la société au moment où il quitte celle-ci ; ou bien il se présente favorablement mais ce n'est plus en tant que littérateur.

Quelle que soit ici la part de la tradition et de la convention, on constate que ce thème vient renforcer les conclusions établies après l'analyse des autres types de représentation. Pas plus que les parallèles entre la gloire littéraire et la gloire militaire, il ne permet de corriger ce portrait anonyme que nous avons reconstitué. En outre, si l'autoportrait ne représente plus un

_____

(47) Ibid., T. II, p. 289.

(48) Nous avons tenté de montrer la signification du personnage par rapport à Sorel lui-même dans "Personnage méconnu, œuvre méconnue : Hortensius, Francion et Sorel", *Revue des Sciences Humaines*, Janvier-Mars 1970, pp. 5-14.

jugement effectué en fonction de critères étrangers au monde du littérateur, il exprime la recherche d'un "ailleurs" où notre personnage devient étranger à la société (s'il reste littérateur) ou étranger à lui-même (puisqu'il cesse d'être littérateur).

On aurait pu supposer que les littérateurs, en brossant des portraits anonymes défavorables, en inventant des personnages ridicules, signifiaient en même temps au lecteur la distance qui les séparait de leur création. La signification des autoportraits enlève, comme on l'a vu, toute validité à cette hypothèse.

Essai d'explication

Ainsi quel que soit le thème retenu, quel que soit l'angle sous lequel est brossé le portrait, les images dépréciatives que donne une certaine partie de la production littéraire présentent toutes des ressemblances importantes et semblent avoir une même fonction.

Il est difficile de supposer que les auteurs aient cherché à se nuire. Mais on a au moins l'impression qu'ils se sentaient indignes de la société pour laquelle ils écrivaient et composaient des représentations d'eux-mêmes ; qu'ils savaient qu'aucun des traits les caractérisant spécifiquement ne méritait de trouver grâce auprès du public ; et qu'enfin ils étaient voués à se juger eux-mêmes avec les yeux et selon les valeurs d'un public qui ne pouvait leur être favorable.

Ainsi les auteurs n'osent-ils jamais se représenter en eux-mêmes et pour eux-mêmes. Ils ont eux-mêmes réduit leur propre existence aux rapports qu'ils entretiennent avec la société et dont ils savent qu'ils leur sont défavorables. Ils se sont d'ailleurs eux-mêmes bannis de toute une partie de la littérature : nous avons extrait nos exemples de satires, de romans, de comédies ; l'on chercherait en vain l'image d'un littérateur dans les odes, les épopées ou les tragédies du XVIIe siècle. Nous pouvons considérer un tel phénomène comme l'indice le plus frappant de ce sentiment d'infériorité. Cette absence d'autonomie, dans la conscience que les littérateurs ont d'eux-mêmes (et donc dans l'image qu'ils donnent d'eux-mêmes), s'explique par leur situation économique et sociale dans la société du XVIIe siècle. De nombreux ouvrages ont déjà été consacrés à cette question. E. Magne, J. Dubu ou G. Couton se sont intéressés à des aspects particuliers (49) ; V. Fournel et F. Gaiffe ont volontairement orienté leur tableau pour l'ensemble de la période (50). Les indications les plus nombreuses sont données de

(49) E. Magne, *La Vie quotidienne au temps de Louis XIII,* Paris 1942, notamment, chap. VI : "La vie intellectuelle. Tribulations des faméliques autrement dits gens de lettres", pp. 180-205.
    J. Dubu, "La condition sociale de l'écrivain de théâtre au XVIIe siècle" *XVIIe siècle,* 1957.
    G. Couton, *La Vieillesse de Corneille,* Paris 1949.

(50) V. Fournal, *Du rôle des coups de bâton . . . ,* Paris, 1858. F. Gaiffe, *L'Envers du Grand Siècle,* Paris 1924.

façon systématique dans l'ouvrage de G. Mongrédien (51), de façon éparse dans les cinq volumes de A. Adam (52). Néanmoins nous croyons utile de revenir brièvement sur cette situation.

Du point de vue qui nous intéresse, le premier fait important c'est l'inculture de la noblesse, qui reste la classe dominante du XVIIe siècle, et le mépris qu'elle affiche volontiers pour tout ce qui a trait à ce que nous appelons aujourd'hui la culture. Dans bien des cas il s'agit purement et simplement d'un analphabétisme dont les historiens, dès le XVIIIe siècle, font une véritable tradition noble :

"... il existe encore en France, une infinité d'actes authentiques, et même bien postérieurs au siècle de Charlemagne, dans lesquels on trouve ces mots, qui semblent avoir été une formule usitée pour les nobles : Et le dit Seigneur... a déclaré ne sçavoir pas écrire, attendu sa qualité de gentilhomme. Encore bien avant sous la troisième race, les nobles se piquèrent de ne sçavoir pas écrire" (53).

Si cet état de fait s'est modifié progressivement, la classe dominante au XVIIe siècle tient encore en piètre estime l'instruction, la lecture et le savoir en général. D'innombrables témoignages anecdotiques en font foi ; ils sont signalés dans les ouvrages que nous avons énumérés ci-dessus. Comme phénomène plus amplement significatif il convient de leur ajouter la profonde incompatibilité entre les valeurs de la féodalité et les valeurs de la religion catholique ; cette incompatibilité tenant, en particulier, au fait que l'institution religieuse officielle continue d'apparaître comme la principale gardienne et dispensatrice de la culture (54).

Or, du point de vue économique, les littérateurs du XVIIe siècle sont dans une dépendance totale à l'égard de cette classe dominante. La plupart en effet naissent dans des milieux où l'on a besoin d'un travail rémunérateur pour vivre — nous manquons encore de données d'ensemble sur cette question ; on trouve quelques indications dans un petit ouvrage de R. Escarpit ou dans le tableau dressé par H.J. Martin d'après la *Bibliographie Parisienne* des années 1643-1644 (55) —. On sait d'autre part que les carrières intellectuelles sont exclues de celles pour lesquelles les familles nobles préparent leurs aînés ou leurs cadets. Or le travail intellectuel et plus précisément la publication d'ouvrages ne constitue qu'une médiocre, et bien aléatoire, source de profits. A une époque où le droit d'auteur n'existe pas, les libraires paient le littérateur en lui donnant quelques exemplaires de "son ouvrage" ; ou bien ils lui achètent pour une somme forfaitaire un ouvrage à faire. Dans tous les cas, le littérateur qui ne dispose pas de revenus annexes,

(51) G. Mongrédien, *La Vie Littéraire au XVIIe siècle*, Paris, 1947.

(52) Pour la bibliographie de cette question, nous renvoyons à F. Nicolet, article cité, *R.H.L.F.*, juillet-septembre 1963, p. 369 et suiv.

(53) La Chesnaye des Bois, *Dictionnaire Historique des mœurs, usages et coutumes des Français*, A Paris, chez Vincent 1767, article : Ecrire, t. II, p. 22.

(54) Phénomène remarquablement analysé dans l'ouvrage déjà cité de P. Bénichou.

(55) R. Escarpit, *Sociologie de la littérature*, Que sais-je ? Paris, 1958, chap. IV ; H.J. Martin, *Livre, Pouvoirs et Société à Paris au XVIIe siècle*, Genève 1969, p. 423-424.

ne peut se contenter de ceux-ci. Un factum, que H.J. Martin, date des années 1685 (56), rappelle même que l'époque n'est pas éloignée où c'étaient les auteurs qui payaient les libraires pour que leurs ouvrages soient publiés. Dès lors, comme le dit H.J. Martin, une seule solution s'offre au littérateur :

"... devenir le fidèle de quelque grand seigneur, entrer dans sa clientèle, se faire son poète – mais aussi, selon l'occasion, son pamphlétaire ou son historien – obtenir un titre de secrétaire ou de maître d'hôtel lui permettant de figurer dans les comptes, mais aussi d'avoir son couvert à l'une des tables de son protecteur ; s'introduire à la cour à la suite de celui-ci, et se tisser un réseau d'utiles relations ..." (57).

Si l'on oublie quelques cas exceptionnels, on peut donc affirmer que les littérateurs sont physiquement et matériellement dépendants d'individus ou de groupes qui considèrent de très haut leur personne et leurs productions. Si l'on pense aux démarches et aux complaisances que supposent la recherche d'un protecteur, l'entrée en faveur, puis le maintien et l'éventuelle amélioration d'une telle situation, il est clair que la carrière des littérateurs exige leur ralliement aux valeurs morales et sociales de ceux qui les "protègent". Ralliement dont l'un des aspects sera précisément le mépris pour les activités intellectuelles. Nous estimons donc que les littérateurs sont amenés à intérioriser, à prendre à leur propre compte, l'appréciation défavorable que les mécènes portent sur leur personne, leur fonction et leurs travaux. Telle est, sur un plan général, l'explication des images dépréciatives ; et voilà également pourquoi cette dépréciation correspond au choix de critères extérieurs au monde intellectuel.

Une confirmation : les dédicaces

Avant de répondre aux objections qu'appelle cette explication nous vérifierons sa validité en analysant le texte de quelques dédicaces.

De notre point de vue, en effet, les dédicaces constituent des témoignages exemplaires. Chacune représente le message que le littérateur, à propos de son ouvrage, adresse personnellement mais aussi publiquement à son protecteur. Il s'agit donc d'un document de choix pour saisir, en ce qui concerne spécifiquement le littérateur, le contenu de ce rapport quasi-féodal. La dédicace de Régnier "Au Roy", pour l'édition des *Premières Œuvres"* en 1608 nous en donne la tendance générale :

"... On lit qu'en Etyopie il y avoit une statue qui rendoit un son armonieux toutes les fois que le soleil levant la regardoit. Ce mesme miracle, Sire, avez-vous faict en moy, qui, touché de l'astre de V.M., ay receu la voix et la parole. On ne trouvera donc estrange si, témerairement elle ose vous offrir ce qui par droict est déjà vostre, puisque vous l'avez fait naistre dans un sujet qui n'est animé que de vous" ... (58).

(56) H.J. Martin, ouvr. cité, p. 915.
(57) Ibid., p. 430.
(58) M. Régnier, *Œuvres Complètes*, éd. J. Plattard, Paris, Les Belles-Lettres, 1954, p. 7.

Sans doute le dédicataire est-il ici le roi lui-même. Mais, plus que l'humilité du sujet, nous retenons le fait que le littérateur se dépossède de son œuvre. La protestation d'humilité sociale se double donc d'une étrange démarche : non seulement l'auteur renonce à la paternité de son œuvre mais il la transfère, avec tous les mérites intellectuels qu'elle implique, sur le dédicataire. A quelques variantes près, ce schéma se retrouve dans la plupart des textes classiques du même genre. Si le titre de l'œuvre s'y prête, il sera appliqué de façon humoristique. Ainsi lisons-nous dans la dédicace du *Mariage de Rien* à Messire Charles Testu :

"... L'approbation que vous avez donnée au Rien que je vous présente me donne lieu d'espérer que vous le recevrez avec autant de bonté que si c'étoit quelque chose ...". (59).

On n'abuse pas de tels textes en disant que l'auteur, alors qu'il pourrait, dans ces pages liminaires, se présenter pour ce qu'il est, procède à son propre anéantissement. Dépossession et transfert peuvent d'ailleurs être envisagés sous des modalités différentes. Ils sont comme posthumes dans la Dédicace du *Cid* à Madame Combalet :

"... Aussi, Madame, si je souhaite quelque durée pour cet heureux effort de ma plume, ce n'est point pour apprendre mon nom à la postérité, mais seulement pour laisser des marques éternelles de ce que je vous dois ...".

Ils apparaissent comme circonstanciels dans la "Dédicace à Monseigneur Le Cardinal de Richelieu" pour l'édition d'*Horace* en 1641 :

"Et certes, Monsieur, ce changement visible qu'on remarque en nuls ouvrages depuis que j'ai l'honneur d'être à Votre Eminence, qu'est-ce autre chose qu'un effet des grandes idées qu'elle m'inspire, quand elle daigne souffrir que je lui rende mes devoirs ? Et à quoi peut-on attribuer ce qui s'y mêle de mauvais, qu'aux teintures grossières que je reprends quand je demeure abandonné à ma propre faiblesse ...".

Certes, ce sont quelques-unes des dédicaces les plus éloquentes que nous avons retenues. Mais l'on n'en trouverait guère où l'attitude des littérateurs soit foncièrement différente. En revanche on trouvera toujours, et au minimum, soit l'idée que le mérite proprement intellectuel de l'ouvrage est (ou sera) sans commune mesure avec la valeur de la récompense accordée (ou demandée) ; soit l'idée que la seule appréciation valable de l'ouvrage revient non à l'auteur ou aux "savants", mais bien au dédicataire (60).

L'auteur lui-même, d'ailleurs, semble bien souvent sentir que son attitude risque de paraître forcée, paradoxale, hypocrite. Il s'empresse alors, au moyen de pirouettes d'une ingéniosité variable, de protester de sa sincérité (61). Le lecteur d'aujourd'hui a du mal, devant de telles surenchères, à ne pas sourire. C'est qu'un effort d'adaptation est nécessaire. Sans doute, dès la seconde moitié du XVIIe siècle, une réaction se manifeste-t-elle, chez

---

(59) MM. de Montfleury, ouvr. cité, t. I, p. 67.

(60) Cf. en tête d'*Andromaque,* "L'epitre dédicatoire à Madame" (Henriette-Anne d'Angleterre, Duchesse d'Orléans).

(61) Cf. la fameuse dédicace de *Cinna* à Monsieur le Duc de Montoron (ou Montauron).

les littérateurs eux-mêmes, contre une telle pratique. Sorel se plaint par exemple de ces

"...Epitres dédicatoires où plusieurs tiennent que le mensonge est de bonne grâce. Si quelqu'un a voulu faire passer cette comparaison en proverbe, Menteur comme un Panégyrique, ou comme une Oraison funèbre, on y pourrait ajouter, et comme une Epitre Dedicatoire".

Mais il ajoute aussitôt :

"Il en faut excepter ce qui est fait pour les Gens de très haute qualité et de véritable mérite" (62).

On ne saurait trouver plus explicite reconnaissance de la nécessité du "mensonge" et des dédicaces (63) dans la situation objective que nous avons évoquée plus haut. Pour le problème qui nous intéresse, les dédicaces ont donc le mérite de mettre à nu chez les littérateurs ce processus d'intériorisation d'une attitude de la classe dominante. C'est au moment où son œuvre va exister, où elle va être connue de ce public dont la dédicataire est le représentant premier (dans les deux sens du terme), que l'auteur renonce à ses propres droits à une existence autonome. Cette attitude illustre et confirme l'explication que nous avons donnée des images dépréciatives des littérateurs.

II

LA "REPUBLIQUE DES LETTRES" CELEBRE SES HOMMES ILLUSTRES

Avec les images dépréciatives, c'est la représentation que les littérateurs croyaient devoir donner d'eux-mêmes à leur public que nous avons étudiée. Nous avons tenté d'interpréter l'inexactitude forcée qui la caractérise. Les explications que nous avons proposées valent également pour comprendre l'apparition simultanée d'une autre série d'images, favorables celles-ci, et qui sont l'objet même de toute une partie de la production littéraire classique. Cette représentation, radicalement opposée à la précédente, se rencontre dans des œuvres que quelques littérateurs ont consacrées aux littérateurs eux-mêmes. Non que certains d'entre eux se soient appliqués à décrire de façon systématique les activités et la situation de tous : nous verrons (cf. IV) qu'un seul traité spécifiquement consacré à l'homme de lettres paraît au XVIIe siècle, et qu'il s'agit d'une traduction. Mais quelques-uns se sont consacrés à l'évocation de la vie et des œuvres de leurs compagnons de la République des Lettres.

---

(62) C. Sorel, *De la connaissance des bons livres...*, Paris, 1671, p. 32.

(63) Nous nous efforcerons plus loin d'expliquer leur progressive disparition.

L'on pourrait s'interroger sur le fait qu'une bonne partie de cette production est aujourd'hui oubliée. Elle était, certes, quantitativement peu importante. Les auteurs étaient d'ailleurs les premiers à s'en plaindre. Ainsi Guillaume Colletet, présentant sa traduction des *Eloges* de Scévole de Sainte Marthe, constate :

> "Ce sont les premiers éloges que l'on a vus en notre langue ; tant les hommes sont avares de louanges à ceux qui leur ont prodigué leur temps et leurs veilles".

A ces regrets feront écho, un siècle plus tard, ceux du R.P. Niceron :

> "Il y a longtemps qu'on se plaint que l'Histoire des Sçavans est négligée en France, qu'on y laisse tranquillement périr la mémoire de ceux qui se distinguent dans les Sciences et dans les Arts" (64).

Il est certain, par ailleurs, que dans la plupart des cas, les ouvrages que nous allons étudier n'exigeaient qu'un minimum d'élaboration esthétique. Les littérateurs, qui s'étaient bannis de toute une partie de ce que nous appelons maintenant la Littérature, ne se sont réservés qu'un genre d'écrits plus utilitaires qu'artistiques et voués, de ce fait sans doute, à une infime longévité. Il s'agissait pourtant de conserver la mémoire des héros des lettres ... .

Pour élémentaire qu'elle soit, pour éphémère qu'elle ait été, cette gerbe de représentations louangeuses n'en est pas moins intéressante à nos yeux puisqu'elle constitue une face de l'image traditionnelle. Nous avons regroupé, sous le nom d'"Histoire Littéraire des Savants" un ensemble de répertoires, de recueils d'éloges, de florilèges dont l'essentiel est recensé ci-après (65). Nous définirons l'objet de cette production avant d'en examiner les aspects formels les plus significatifs. A notre connaissance, elle n'a jamais été considérée sous cet angle. Elle constitue pourtant l'un des plus intéressants témoignages sur la vie intellectuelle à l'époque classique.

L'objet de "l'Histoire Littéraire des Sçavans" : Biographie et Bibliographie

Notre Histoire Littéraire moderne, loin d'avoir su intégrer l'ancienne Histoire Littéraire des Sçavans, a contribué à la faire tomber dans l'oubli. Il faut qu'un sociologue littéraire, R. Escarpit, compose une Histoire de notre Histoire Littéraire pour la retrouver sur son chemin (66). Mais les études de ce genre sont extrêmement rares. La moisson n'est guère plus abondante du côté de l'histoire de la Bibliographie, dont Madame Malclès elle-même avoue

---

(64) *Mémoires pour servir à l'histoire des Hommes Illustres dans la République des Lettres.* A Paris, 1729-1745, 43 vol., T. I. Avertissement. Remarquons cependant, à titre indicatif, que "l'Index Cognominum" que le Pére P. Labbe place en tête de sa *Biblioteca Bibliothecarum* (1672) rassemble environ sept cent cinquante noms d'auteurs.

(65) Cf. p. 36.

(66) *L'Histoire des Littératures* T. III, éd. de la Pléiade, Paris 1958 ; pp. 1737-1811 : "Histoire de l'Histoire de la Littérature".

qu'elle "n'a jamais été écrite ou ne l'a été que partiellement" (67). En tout état de cause, notre "Histoire Littéraire des Scavans" mérite de ne pas être appréciée seulement au moyen de critères propres à des disciplines contemporaines.

L'Histoire Littéraire des Scavans de l'époque classique repose sur une tradition constituée longtemps avant l'apparition de l'imprimerie. Dès les *Pinakes* de Callimaque de Cyrène, que l'on appelle quelquefois *Tableaux des écrivains illustres et de leurs œuvres* (68), deux directions se manifestent, l'une biographique, l'autre bibliographique. Le courant biographique sera illustré par Plutarque, par Suétone, par Philostrate l'Athénien, par Diogène Laërce, par Cornelius Nepos, par Hesychius etc. Selon la formule de R. Escarpit : "Au milieu du IIe siècle de notre ère commence le règne du *De Viris"* (69). Quant aux plus anciens répertoires d'ouvrages, ils sont généralement constitués à des fins de propagande religieuse. A côté de Saint-Jérôme, de Gennade, de Saint-Isidore de Séville ou de Bède le Vénérable, on cite également le Patriarche d'Alexandrie, Photius, et son *Myriobiblion,* comme les Ancêtres de la Bibliographie (70).

Ces différentes œuvres (manuscrites) sont conservées, parfois enrichies, parfois traduites — nous pensons ici à la traduction de Plutarque par Pétrarque (1379) — au cours du Moyen-Age. Des œuvres nouvelles apparaissent également, qui prolongent cette tradition ; pour rester dans le domaine "italien" nous citerons ici le nom de Boccace. Mais c'est l'Imprimerie qui, transformant les conditions du travail intellectuel, va transformer les modes de conservation des créations intellectuelles. L'édition des textes anciens, la multiplication des ouvrages nouveaux, l'accroissement corrélatif du nombre des littérateurs créent le besoin de recensements systématiques. Ils seront effectués dans un esprit nouveau lorsque disparaissent "l'anonymat" de la création littéraire, le "communisme" coutumier des thèmes caractéristiques de l'époque médiévale (71). On s'explique aisément que le premier grand ouvrage de ce genre soit publié par un ecclésiastique, l'Abbé Johann Tritheim. Dans son *Liber de scriptoribus ecclesiasticis,* publié à Bâle en 1494, il établit une liste d'ouvrages et une notice biographique pour un millier d'auteurs. Mais la Renaissance voit aussi l'édition des textes anciens. Ainsi Plutarque est-il édité en 1517, Hesychius de Milet en 1572, Diogène Laërce en 1750 (Photius ne sera traduit et édité qu'en 1653) (72). Conrad Gesner,

---

(67) L.N. Malcles, *La Bibliographie,* Paris, P.U.F., 1967. Introduction p. 5.

(68) Cf. R. Escarpit, ouvr. cité, p. 1745.

(69) Ibid. p. 1746.

(70) On trouvera des indications plus complètes dans les ouvrages déjà cités de L.N. Malclès et R. Escarpit ou dans celui de Th. Besterman : *Les Débuts de la Bibliographie méthodique,* 3e édition revue, Paris, 1950.

(71) Cf. R. Wellek, *The Rise of English Literary History,* Chapel Hill, N.C., U.S.A., 1938, cité par R. Escarpit, ouvr. cité, p. 1757.

(72) On trouve une uste (incomplète) des éditions princeps des auteurs grecs et latins dans : J.E. Sandys, *A History of classical scholarship,* vol. 2 : *From the revival of learning to the end of the 18th century,* New-York 1958, pp. 103-105.

dont la *Bibliotheca Universalis*... (1545) est considérée comme la première Bibliographie Générale Internationale, apporte relativement peu à l'Histoire Littéraire des Scavans dans la mesure, où, précisément, son ouvrage est plus bibliographique. Dans l'ensemble toutefois cette orientation a tendance à s'inverser chez eux qui, de Lycosthènes à Antoine du Verdier, prolongent l'œuvre du Zurichois (73).

Par ailleurs, les vies des auteurs tiennent parfois autant de place que la liste de leurs œuvres dans les bibliographies nationales dont se dotent, au XVIe siècle, la plupart des pays occidentaux (Britannia : J. Leland, J. Bale ; Germania : Co. Loos ; Florence : M. Poccianti ; France : La Croix du Maine, du Verdier ; Belgica : A. Le Mire) (74). La tâche, en ce domaine, n'est pas achevée à la fin du XVIe siècle ; elle sera poursuivie au XVIIe siècle et selon des modalités à peu près analogues. Ajoutons enfin que la tradition proprement biographique s'enrichit, avec les *Elogia doctorum virorum* de Paul Jove (1556), d'un ouvrage qui servira longtemps de modèle.

Ce bref rappel de la tradition aura montré quelle mission s'attribue "L'Histoire Littéraire des Scavans" au moment où elle se constitue. Il nous paraît discutable de supposer, comme semble le faire R. Escarpit, que la pratique des recensements ou des compilations bio-bibliographiques soit le propre des ères de décadence. On rencontre pourtant une idée analogue chez certains historiens de la littérature de la fin du XVIIIe siècle.

"Dans ce même temps (celui du progrès des Lettres en Italie après la prise de Constantinople) Photius et Suidas avaient commencé à faire paraître deux sortes d'ouvrages qui sont aujourd'hui très communs, je veux dire des "Bibliothèques" et des "Dictionnaires Historiques" ; ouvrages qui [...] marquent ordinairement la décadence des Lettres, mais qui deviennent nécessaires à ceux qui, voulant écrire, ne peuvent trouver de nouveaux sujets à traiter, à cause de la trop grande quantité de livres (75)".

L'exemple de la Renaissance démontre, croyons-nous, que les bilans bio-bibliographiques, loin de correspondre à des phases de récession intellectuelle, peuvent être l'indice d'une expansion, d'une croissance que les répertoires permettent de dominer. Dans cette perspective, les *Bibliothèques* — le mot apparaît au XVIe siècle alors que le mot "bibliographie" n'apparaît qu'en 1633 et n'est enregistré qu'en 1672 dans le *Dictionnaire* de l'Académie — (76) sont inséparables des *Eloges* et des *Vies* de littérateurs. Elles constituent ensemble cette "Histoire Littéraire des Scavans" dont la fonction doit être définie à l'intérieur même de la République des Lettres. Il s'agit d'abord de conserver la mémoire des auteurs. Et nous ne croyons pas inutile de rappeler une évidence : c'est à la République des Lettres seule qu'il

---

(73) Sur les "Emules de Gesner", cf. les ouvrages de L.N. Malclès et Th. Besterman.

(74) Pour la description complète des ouvrages, nous renvoyons à notre Bibliographie, dont l'une des justifications est d'alléger les notes du présent texte.

(75) *Tableau des Révolutions de la Littérature ancienne et moderne,* par M. Charles Denina, traduit par le R.P. Delivoy – Paris, 1767, pp. 142-143.

(76) Cf. L.N. Malclès, ouvr. cité, p. 9-11.

revient de constituer et d'entretenir son propre Musée. Comme le dit très clairement L. Moreri :

"[L'estime] qu'on a eu pour les Ecrivains célèbres a donné la pensée à ceux qui les ont suivis d'en dresser les catalogues pour conserver leur mémoire à la postérité [...]".

"Ce soin de conserver la mémoire des Auteurs a été commun à toutes les nations, et il y en a peu qui n'ait eu quelque Sçavant qui se soit donné la peine de recueillir des noms illustres" (77).

Cette nécessité s'explique d'autant mieux qu'à l'époque classique, comme nous l'avons vu, les littérateurs sont déconsidérés par ceux qui représentent la plus grande partie de leur public et auxquels ils n'osent proposer d'eux-même qu'une image déformée, "aliénée". Ainsi l'aspect hagiographique des annales de la République des Lettres s'explique-t-il doublement : elles doivent beaucoup, d'une part, à la très riche tradition des biographies de Saints (78) et d'hommes illustres ; elles constituent, d'autre part, une sorte de domaine réservé dans lequel les littérateurs peuvent contempler une image d'eux-mêmes qui les justifie et qui tient probablement lieu de compensation. Sans doute est-on d'abord étonné de voir un Sorel les mépriser. Après avoir proposé un choix de Vies de Saints et de grands personnages, il ajoute :

"On ne s'est pas contenté d'écrire les Vies des Hommes de la plus haute condition. On a écrit aussi les Vies de quelques personnes assez basses. Leur mérite et les accidents remarquables qui leur sont arrivés ont été considérés plus que toute autre chose" (79).

Il énumère alors quelques biographies de peintres et de poètes. Mais sa *Bibliothèque Françoise* est une "bibliothèque choisie" : non pas un répertoire composé par un littérateur pour ses pairs, mais une sélection proposée au public. Dès lors qu'on la fait sortir de l'enceinte de la République des Lettres, l'Histoire Littéraire des Sçavans perd sa valeur en même temps que son sens. A cette contre-épreuve nous ajouterons une preuve supplémentaire. Le titre d'un bon nombre des véritables "bibliothèques" (que nous avons recensées dans l'annexe ci-après) comporte l'expression "De Scriptoribus qui [...]", même lorsqu'il s'agit d'ouvrages plus bibliographiques que biographiques ; en outre, leurs index ou leurs tables de matières énumèrent non des "sciences", – Histoire, Théologie –, mais des catégories d'individus, – Historiens, Théologiens. Pendant très longtemps, ce que l'on appelle peut-être à tort aujourd'hui la bibliographie est demeuré un genre "personnalisé". L.N. Malclès a constaté ce phénomène et tenté de l'expliquer :

"Les premiers répertoires ressemblent davantage à des dictionnaires biographiques qu'à nos bibliographies actuelles où les auteurs sont sacrifiés entièrement à la

---

(77) *Le Grand Dictionnaire Historique* ... Lyon 1674 – Préface.

(78) Sur l'extraordinaire développement de la littérature hagiographique en France au cours du XVIIe siècle, cf. H.J. Martin, *Livre Pouvoir et Société à Paris au XVIIe siècle*, Genève, 1969, p. 154, p. 833 et H. Brémond , *Histoire Littéraire du Sentiment Religieux en France,* Paris 1936, T.I. pp. 239-254.

(79) Ch. Sorel, *Bibliothèque Française,* Paris, 1664, p. 137.

description complète et technique des livres [. . .]. L'idée de traiter un livre pour lui-même, d'en donner le titre exact avec collation rigoureuse ne vient pas encore à l'esprit, ce qui est une preuve supplémentaire que la curiosité ou mieux la passion scientifique anime les premiers compilateurs qui se révèlent ainsi des historiens de la pensée et de la culture" (80).

Du point de vue de l'histoire de la bibliographie, ces compilations ne sont que l'annexe nécessaire, mais secondaire, d'un travail scientifique (qui n'a rien à voir avec ce que nous appelons l'Histoire Littéraire des Sçavans). Or cette explication ne peut rendre compte que des bibliographies spécialisées : tel médecin de la Renaissance dressant l'inventaire des ouvrages médicaux qui ont précédé les siens, afin d'en prendre connaissance pour avancer ses propres travaux. Mais l'on n'explique pas ainsi l'apparition simultanée des Bibliographies nationales et moins encore celles des Bibliographies générales internationales. Il faut donc bien admettre que certains membres de la République des Lettres, et point seulement les auteurs de *Bibliothèques,* mais aussi ceux de *Vies* ou *d'Eloges,* se sont spécialement consacrés à cette tâche. L'Histoire Littéraire des Sçavans mérite d'être considérée dans son autonomie, et doublement : c'est avec elle, exclusivement, que les littérateurs se trouvent représentés d'une façon autonome. Il n'y a donc pas lieu de s'étonner si les répertoires décrivent les multiples contrées de la République des Lettres : à côté des Catalogues de Poètes, de Mathématiciens, d'Historiens, on trouve ceux des Peintres, des Jurisconsultes ou des Evêques qui furent écrivains ; à côté des catalogues par villes, provinces, ou royaumes, d'autres sont composés d'après l'appartenance aux différents ordres religieux ; à côté du catalogue des auteurs prénommés Antoine (cité par Moreri dans sa *Préface*) on remarquera un "grand traité en forme de dialogues du pays et du lieu de naissance des hommes de lettres, qui ont vécu depuis le commencement du monde jusqu'en l'an 1600" (81). Il ne conviendrait pas non plus de déplorer les inexactitudes ou les partialités de nos biographies ; si elles tiennent pour une part aux conditions du travail intellectuel de l'époque (difficile rassemblement de l'information), on pourrait presque admettre qu'elles sont une loi du genre. Le point de vue d'un historien de l'Histoire (après celui d'un historien de la Bibliographie) pourrait conduite à une appréciation faussée de "l'Histoire Littéraire des Scavans" qui empêcherait d'en voir la fonction particulière.

Le second aspect de cette fonction est évidemment le recensement des ouvrages. Il est tellement indissociable du premier que nous avons déjà dû l'évoquer, pour signaler qu'il lui était subordonné, mais qu'il présentait d'ordinaire les mêmes imperfections si l'on en juge à partir des sciences d'aujourd'hui. Il est bon toutefois de préciser que biographie et bibliographie

---

(80) L.N. Malclès, ouvr. cité, p. 19, ou p. 35 : "Les premiers transcripteurs de livres sont des hommes de science et ils font de la recherche des livres imprimés le prolongement de leurs études spéciales".

(81) C'est ainsi que Baillet, mauvais bibliographe, mais célèbre Historien des Sçavans, désigne l'ouvrage de Quenstedt (cf. notre Bibliographie).

se trouvent plus ou moins dissociées dans la présentation, selon que l'on a affaire aux Vies (ou Eloges) ou aux "Bibliothèques". Néanmoins c'est bien leur côtoiement dans un même ouvrage qui définit l'Histoire Littéraire des Scavans.

Qui étaient donc les compilateurs qui se chargeaient de cette mission particulière ? et d'abord comment les définissait-on à l'époque classique ? Si l'on se reporte au Plan de l'ouvrage qu'A. Baillet se proposait de composer en 1685, nos "Historiens" se trouvent classés dans la deuxième section de la Première Partie, celle des "Critiques", et à la subdivision suivante : "... les critiques universels de livres par simples catalogues, Inventaires de Bibliothèques, de Librairies, de Cabinets, de Boutiques" (82). Si l'on se reporte à l'ouvrage lui-même, la formulation dans le nouveau Plan a changé : "... Les examinateurs ou censeurs de Livres, les bibliothécaires, ceux qui ont fait les recueils des hommes illustres par leurs écrits, ceux qui ont fait les catalogues de Livres" (83). Enfin à l'endroit même où ils vont être évoqués, les rubriques s'intitulent successivement "Des Critiques Universels", "Des Bibliothécaires des Ecrivains Ecclésiastiques", "Des Bibliothécaires et Ecrivains d'Hommes Illustres...". Dans l'ouvrage d'A. Teissier dont nous aurons à reparler, les appellations sont à peu près identiques ("Bibliothecarum", "Bibliographiarum", "Athenarum")(84). Si elles indiquent certaines hésitations, celles-ci n'ont rien d'anormal à une époque où le vocabulaire du monde intellectuel reste fort imprécis. Nous savons par ailleurs quels étaient les emplois de beaucoup de ces auteurs. Bon nombre d'entre eux, Colomies, Le Mire, Jacob, Naudé, Tritheim (85), furent bibliothécaires, au sens moderne de ce terme, ou libraires (Beughem, Vespasiano de Basticci), ou censeurs (Sanders), ou enseignants (Gesner, Schott, Pits, Morhof). Nous constatons donc qu'ils représentent la catégorie des littérateurs qui, de par leurs fonctions, se trouvent le plus étroitement et le plus fréquemment en contact avec les autres littérateurs et leurs ouvrages. D'une part, leur sort n'étant pas plus enviable que celui de leurs pairs, ils pâtissaient de la déconsidération réservée aux travailleurs intellectuels, d'autre part, du fait même des tâches et des préoccupations de leur "profession", c'est chez eux que pouvaient le plus aisément apparaître l'idée d'une République des Lettres et la nécessité d'en écrire l'Histoire.

L'objet et l'utilité de l'Histoire Littéraire des savants apparaissent donc clairement dans le cadre de la vie intellectuelle de la société classique. Son importance se trouve démontrée par la publication, dès la première moitié du XVIIe siècle, de "Bibliothèques" (Le Jésuite Ph. Labbe avait été précédé

---

(82) A. Baillet, *Jugemens des savans sur les principaux ouvrages des auteurs,* revus, corrigés et augmentés par M. de la Monnoye... Paris 1722, t. I, pagination séparée pour la réimpression du "Plan contenu dans l'Avertissement de 1685", p. 2.

(83) Ibid., T. II, p. 10.

(84) Ces termes sont utilisés dans l'index que Teissier place à la suite de son "Catalogus..." – Cf. Bibliographie.

(85) Ces noms renvoient à des ouvrages recensés dans notre Bibliographie.

dans cette voie par Pétrus Blanchot dès 1631, par Indicus a Dudinck en 1643 ; son ouvrage sera complété par A. Teissier) (86). Ce sont les répertoires des monuments que les hommes de lettres ont élevés à leur propre gloire. Ce que les biographes d'aujourd'hui nomment le signalement des ouvrages et dont ils déplorent l'imperfection dans les "bibliothèques" ne pouvait être conçu comme faisant partie de l'Histoire Littéraire des Sçavans. Si le titre de l'œuvre paraissait suffisant (avec une date qui situe cette œuvre dans une biographie), c'est que pour les littérateurs de l'Ancien Régime l'objet-livre n'est déjà plus tout à fait leur œuvre. Il nous suffit de considérer aujourd'hui ces reliures de veau ou de maroquin (qu'elles soient "aux armes" ou non), ces lignes ornées de lettrines, encadrées de bandeaux et de culs-de-lampe, pour comprendre que dès son impression et sa reliure, un livre ne peut plus être senti par l'auteur comme sa propriété. L'aliénation commence avec cette dernière phase de la réalisation matérielle du livre dans laquelle il se hausse au niveau du public qui sera le sien (87).

C'est sans doute pourquoi, lorsque les littérateurs veulent se donner à eux-mêmes l'image de leur gloire propre, ils ne retiennent qu'un texte que son titre et sa date de naissance suffisent à définir (88). "L'Histoire Littéraire des Sçavans" a existé aussi longtemps qu'elle est restée fidèle à ses objectifs. L.N. Malclès et T. Besterman rappellent que les premiers "bibliothécaires" intègrent dans leurs ouvrages le récit des voyages, des visites, des rencontres qui leur ont permis de rassembler leurs informations. Leur célébration des hommes et des livres avait le caractère d'un acte. Mais, du jour où les catalogues de livres pourront être constitués à partir des catalogues antérieurs (89), où la considération objective et détachée des biographies se substituera au contact direct avec les créateurs intellectuels, alors des compilations neutres (90) et rigoureuses, apparaîtront. A l'aube du XVIIIe siècle, la naissance de l'Histoire et celle de la Bibliographie modernes seront aussi la mort de "L'Histoire Littéraire des Sçavans".

Eléments d'une bibliographie de l'histoire littéraire des sçavans

Après la définition et avant l'étude de "L'Histoire Littéraire des Sçavans" il nous paraît utile de donner cette bibliographie. Il ne s'agit pas d'une liste exhaustive : nous avons seulement voulu donner une image d'ensemble et fournir une série d'échantillons. Aussi bien ne voulons-nous pas

---

(86) Cf. Bibliographie. Dès 1611, J. Roenne publie une *Bibliographie* des Eloges, genre plus ancien que celui des "Bibliothèques" dont il est même l'un des ancêtres.

(87) Il convient de faire une exception pour ceux des auteurs qui étaient dabord de grands personnages.

(88) Comme le constate Mme N.L. Malclès (ouvr. cité, p. 36) à la fin de son chapitre sur le XVIe siècle : "La Bibliophilie n'est pas encore née". On s'explique maintenant pourquoi.

(89) Ibid., p. 18, p. 36.

(90) "Neutre" en ce sens qu'elles n'auront plus la même fonction dans le cadre de la République des Lettres.

ressusciter cette littérature qui n'a pas été oubliée sans quelque raison. Nous avons éliminé les vies particulières de littérateurs : la liste en serait interminable. Mais nous signalons à l'occasion que tel ou tel auteur fut aussi un biographe (91). C'est à dessein (cf. p. 44) que les titres des ouvrages sont souvent retranscrits dans leur libellé original. En revanche, mais encore intentionnellement, les noms des lieux d'édition sont traduit en français, de même que parfois, les noms des auteurs (en suivant sur ce point le Catalogue Général de la Bibliothèque Nationale).

ADAM Melchior : *Vitae germanorum philosophorum, qui seculo superiori et quod excurrit philosophicis ac humanibus litteris clari floruerunt...* Heidelberg 1615.

ALCIONO Pietro : *Medices legatus, sive de exilio libri duo...* Venise 1522 (puis 1546) rééd. en 1707 avec : *"De Infelicitate litteratorum"* (J.P. VALERIANO) et *"De miseria poetarum graecorum"* (BARBIERI) préfacé par J.B. MENCKEN.

(BACON F. : Traductions de *"The advancement of learning"* en 1624 et 1632).

BAILLET A : *Jugements des scavans sur les principaux ouvrages des auteurs...* Paris 1685-1686 (puis 1722-1725).
– *Vie de M. Des-Cartes...* Paris 1685-1686 (puis 1722-1725).
– *Les Vies des Saints...* Paris 1701-1703.

BALE J. : *Catalogus scriptorum illustrium Maioris Britannae,* 1548 (puis 1549-1557-1559).

BALLESDENS J. : Cf. Masson, P.

BARBERIUS G. : *De miseria...* Naples 1816 (Cf. Alciono).

BATES G. : *Vitae selectorum aliquot virorum qui doctrina dignitate aut pietate inclaruere.* Londres 1681 (puis 1704).

BELLARMIN R. : *De scriptoribus ecclesiasticis liber...* Rome 1613 (puis 1617, 1631, 1644, 1658, 1662, 1675, 1678, 1684).

BEUGHEM Cornélius a : *La France savante, id est Gallia erudita critica et experimentalis novissima, seu manuductio ad faciliorem inventionem et cognitionem non tam scriptorum operumque, quam experimentorum, observationem aliorumque rerum notatu dignarum...* Amsterdam, 1683.

---

(91) Une bibliographie plus complète peut être établie à partir : a) des bibliographies de l'époque (cf. Ph. Labbe, A. Teissier) ; b) des bibliographies et d'ouvrages modernes (cf. *La Table méthodique du Manuel...* de Brunet, Section : Histoire, VI : Paralipomènes historiques ; les *Bibliographies* de M. Cioranescu pour le XVIe siècle et le XVIIe siècle aux sections "Bibliographie" ou "Répertoires biographiques", ou aux numéros signalés dans l'Index des matières, pour le XVIIe siècle seulement, sous les mots "Bibliothèques", "Eloges", "Vies" ; les ouvrages cités de Sandys, de Th. Besterman, de Mme L.N. Malclès). Les "tombeaux" composés par certains hommes de Lettres à la mort de leurs amis constituent également une partie de "L'Histoire Littéraire des Scavans".

— *Bibliographica Historica, chronologica et geographica . . . Accedit e-jusdem Musaeum, seu Syllabus iconum sive imaginum illustrium a saeculo hominum, quae in ejus musaeo spectantur, (opera ac studio Cornelii a Beughem) . . .* Amsterdam 1685.

— *Apparatus ad historiam litterariam novissimam, variis conspectibus, exhibendo, quorum nunc primus prodit, qui est Bibliographia eruditorum critico-curiosa,* Amsterdam 1689-1701 (4 vol.).

BEYERLINCK Laurent : *Opus chronographicum orbi universi . . .* Anvers 1611. *Magnum Theatrum Vitae . . .* Anvers 1621. (Comme l'écrit le P. Labbe, l'auteur évoque dans ces deux livres les œuvres de "Multorum Illustrium doctrina virorum ac Scriptorum").

BEZE Th. : *Icones, id est verae imagines virorum doctrina simul et pietate, illustrium, cum explicationibus . . .* Genève 1580 (puis 1581).

— *Les vrais pourtraits des hommes illustres en piété et doctrine, du travail desquels Dieu s'est servi en ces derniers temps pour remettre sur la vraie religion. Avec les descriptions de leur vie, de leurs faits plus mémorables . . .* (traduit par S. Goulart) Genève 1581.

BLANCHOT Père P : *Idea Bibliotheca Universalis . . .* Paris 1631 (puis 1635).

BOCCACIO : *Vita Di Dante . . .* (Imprimé à Venise en 1477)
— *De Claris mulieribus . . .* (imprimé à Ulm en 1473).

BOISSARD J.J. : *Icones virorum illustrium doctrina et eruditione praestantium . . .* (sous des titres divers, cette œuvre plus ou moins modifiée a été publiée en : 1597 Metz, 1591 Francfort, 1597-99 Francfort, 1645 Francfort).
— *Parnassus cum imaginibus musarum deorumque praesidum hippocrenes . . .* Francfort 1601.
— *Bibliotheca sive thesaurus virtutis et gloriae in quo continentur illustrium eruditione et doctrina virorum effigies et vitae . . .* Francfort 1628-1631 (rééditions de : *Icones . . .*).

BONNEFONS Père A. : *Les Fleurs des vies des Saints . . .* Paris 1649-50 (puis 1664).

BULLART I. : *Académie des Sciences et des Arts, . . . contenant les vies et les éloges historiques des hommes illustres qui ont excellé en ces professions depuis environ quatre siècles, parmy diverses nations de l'Europe . . .* Bruxelles 1682 (Amsterdam, 1682).

CAVE G. : *Scriptorum ecclesiasticorum historia litteraria . . .* Londres 1658 (puis Genève, 1693-1694, etc . . .).

CLESS J. : *Unius seculi ejusque virorum literatorum monumentis tum florentissimi tum fertilissimi, ab anno Dom. 1500 ad 1602 . . . elenchus consummatissimus librorum que hebraei, graeci, latini, germani, aliorumque Europae idiomatum, typorum aeternitati consecratorum . . .* (Francfort, 1602).

COLLETET G. : *Cf. Sainte-Marthe, Sc. de.*
- (Vies des Poètes François, ouvrage en partie perdu que l'on a tenté de reconstituer ; cf. Bibliographie Cioranescu, XVIIe siècle, numéros 20.030-20.057).

COLLETET F. : *Journal de Colletet*, 1676.
- *Bibliographie française* — 1677.
- *Bibliographie française et latine* ... 1678. (Ouvrages périodiques — cf. L.N. Malclès, ouvr. cité. p. 58).

COLOMIES P. : *Bibliothèque choisie* ... Savouret 1682. (Amsterdam, 1700, etc.).
- *Gallia orientalis, sive Gallorum qui linguam hebraeam, vel alias orientalis excoluerunt vitae, variis hinc inde praesidiis adornatae.* La Haye, 1665.
- *Vie du Pére J. Sirmond* ... La Rochelle, 1671.
- *Theologarum Presbyterianorum icon* ... , *ex protestantium scriptis ad vivum expressa* ... S.L., 1682.

CRASSO L. : *Elogi d'Huomini letterati* ... Venise, 1666 (puis 1668).

CROWE G. : *Elenchus scriptorum in Sacram Scripturam* ... *in quo exhibentur eorum gens patria, professio, religio, librorum tituli, volumina, editiones, variae, quo tempore claruerint vel obierint.* Londres, 1672.

DARET P. : *Tableaux historiques où sont gravés les illustres Français et étrangers de l'un et de l'autre sexe, remarquables par leur naissance et leur fortune, doctrine, piété, charges et emplois, avec les éloges sommaires* ... Paris, 1652.

DIOGENE LAERCE : *De vitis Philosophorum* 1533 (puis 1570-1593-1594-1616-1664).
- *Le Diogène François*, par M. François de Fougerolles, Lyon 1601.
- *De la vie des Philosophes.* Traduction nouvelle par M.B. (G. Boileau), Paris, 1668.

DUBRUILLAUD-COURSANT C. : *La Bibliothèque des Auteurs* ... Paris, 1697.

DUCHESNE A. : *Bibliothèque des autheurs qui ont escript l'histoire et topographie de la France, Paris 1618 (puis 1627).*
- *Series auctorum omnium, qui de Francorum historia et rebus Francisis, tum ecclesiasticis, tum secularibus scripserunt* ... 1636.
- *Bibliotheca Cluniacensis* ... Paris, 1614.

DUDINCK I. a : *Bibliothecographia, hoc est, enumeratio ommium Autorum, operumque quae sub titulo Bibliothecae, Catalogi, Indicis, Nomenclatoris, Athenarum etc. prodierunt.* Cologne, 1643. (Signalé dans le *Catalogus* .,.. de Teissier, p. 2).

DU PIN E.L. : *Nouvelle Bibliothèque des auteurs ecclésiastiques* ... Paris, 1693. Amsterdam 1693-1715.

DU VERDIER A. : *La Bibliothèque Française* . . . Lyon, 1585.

EUNAPE (Eunapius Sardianus) : *Vies des philosophes et des Sophistes,* traduites par A.J. de Horn, Anvers, 1572, (puis 1578-1596-1616).

FAZIO B. : *De viris illustribus liber* . . .

FRIES J.J. : *Bibliotheca philosophorum classicorum authorum chronologica. In qua veterum philisophorum origo, successio, aetas, doctrina compendiosa* . . . *proponitur* . . . Zurich, 1592.

GADDI J. : *Doctissimis ac eruditissimis in Academica pisana professoribus* . . . *quinam fuerint maximo ingenio inter graecae, latinaeque linguae scriptores dissertatio.* S.I.n.d.
— *Elogiographus, scilicet Elogio omnigena* . . . Florence, 1638.
— *Elogi storici in versi e'n prosa di Jacopo Gaddi, tradotti* . . . Florence, 1639.
— *Descriptoribus non ecclesiasticis, graecis, latinis, italicis, primorum graduum in quinque theatris* . . . Florence, 1648 (T. II, Lyon, 1649).

GALLE Ph. : *Virorum doctorum de disciplinis bene merentium effigies XLIII* . . . *(cum singulorum elogiis, opera Benedicti Aviae Montani)* . . . Anvers, 1572.

GESNER C. : *Bibliotheca Universalis sive Catalogus ommium scriptorum locupletissimus, in tribus linguis, latina, graeca et hebraica, extantium et non extentium, veterum et recentiorum in hunc usque diem, doctorum et indoctorum, publicatorum et in bibliothecis latentium* . . . Zurich, 1545.
("Appendix" : 1555 — Abrégés : 1551 (Lycosthène), 1555 (Sinler). Nombreuses éditions augmentées).

GHILINI J. : *Theatro d'huomini letterati* . . . Venise, 1647.

HESYCHIUS de Milet : *De his qui eruditionis fama claruerunt.* Anvers 1572 (puis 1593-1594-1595-1613).

GIRALDI, Lilio Grégorio : *Historiae poetarum, tam graecorum quam latinorum, dialogi decem* . . . Bâle, 1545 (puis 1551).

IMPERIALE Giovanni : *Museum Historicum* . . . , Venise, 1640.

JACOB R.P.L. : *Bibliographica gallica universalis, hoc est catalogus omnium librorum per universum regnum Galliae* . . . Paris, 1644-54.
— *Bibliographia Parisiana* . . . 1651.
— *Traicté des plus belles bibliothèques publiques et particulières qui ont été et qui sont à présent dans le monde* . . . Paris, 1644.
— *De claris scriptoribus cabilonensibus* . . . Paris, 1652.

JONSIUS J. : *De Scriptoribus historiae philosophicae* . . . Francfort, 1659.

GIOVO P. : *Elogia virorum bellica virtute illustrium* . . . Florence, 1551.
— *Elogia doctorum virorum imaginibus apposita* . . . Venise, 1546.
— *Elogia virorum bellica virtute, illustrium versis imaginibus apposita, doctorum item virorum ingenii monumentis illustrium ab avorum memo-*

ria publicatis... Bâle, 1571 (puis 1557).
— *Elogia virorum literis illustrium, quoquot vel nostra, vel avorum memoria vixere, ex... musaeo... imaginibus exornata.* Bâle, 1577.
Giovo écrivit encore les vies de nombreux grands personnages.

LABBE Ph. : *De Scriptoribus, ecclesiasticis...* Paris, 1658.
— *Anni MDCLXI Bibliographia R.R.P.P. Societatis Jesu in regno Franciae...* Paris, 1662.
— *Bibliotheca bibliothecarum...,* Paris, 1664 (puis 1672-1678).

LA CROIX DU MAINE F. : *... Bibliothèque... qui est un catalogue général de toutes sortes d'auteurs qui ont escrit en françois depuis cent ans et plus jusques à ce jour d'huy...* Paris, 1584.

LAUNOY J. : *Regii Navarrae gymnasii, parisiensis historia...* Paris, 1677.
— *Academia Parisiensis Illustrata...* Paris, 1682.

LE CLERC J. : *La vie des grands et illustres personnages qui ont diversement excellé en ce royaume sous les règnes de Louis XII, François Ie, Henri II, François II, Charles IX, Henry III et Henry IV heureusement régnant...* Rouen, 1609.

LELAND J. : *Commentari de scriptoribus britannicis...* (ouvrage composé au milieu du XVIe siècle publié seulement en 1709 à Oxford).
— *Multiplici eruditione illustres...* 1660.

LE MIRE A. : *Elogia Belgii scriptorum qui vel ecclesiam Dei propugnarunt vel disciplinis illustrarunt, centuria decadibus distincta...* Anvers, 1602.
(Le Mire fut aussi le biographe de plusieurs saints, saintes et grands personnages, et l'historien de plusieurs ordres religieux).

LIPSE J. : *De Bibliothecis Syntagma...* Anvers, 1602 (1607-1619).

LOOS C. : *Illustrium germaniae Scriptorum catalogus...* Mayence 1582,

LYCOSTHENES C. : *Gesneri magnum ac multis laboribus congestum Bibliothecae opus, in breve compendium contraxit in eorum gratiam. ... Elenchus scriptorum ommium...* Bâle, 1551.
— *Theatrum vitae humanae...* Bâle, 1565.

MASSON P. : *Elogiorum, Pars I. quae Imperatorum, Ducum, aliorumque Heroum virtute maxime bellica illustrium vitam complectitur — Pars II : quae vitam eorum complectitur qui amplissimarum dignatum titulis, vel eruditionis laude et publicatis litterarum monumentis claruerunt... E. Musaeo Joannis Balesdens...* Paris, 1638 (puis 1656).
(P. Masson composa par ailleurs de nombreux éloges d'illustres particuliers, en latin).

MENAGE G. : *Historia mulierum philosopharum...* Lyon, 1690.

MENESTRIER, le Père, Cl. F. : *Bibliothèque curieuse et instructive des divers auteurs anciens et modernes de Littérature et des Arts —* Paris, 1704.
(Genre de la "Bibliothèque choisie").

MEURS J. de : *Athanae Batavae, sive de Urbe leidensi et Academia virisque, qui utramque ingenio suo, atque scriptis illustrarunt . . .* Leyde, 1625.

MONTPENSIER, Mlle de : *La Galerie des Peintures ou Recueil des portraits et éloges en vers et en prose . . .* Paris, 1663.

MORERI L. : *Le Grand Dictionnaire Historique . . .* Lyon, 1674. (Cf. aussi article : *Illustre,* éd. de 1754, t. IV, 328).

MORHOF D.G. : *Polyhistor, sive de Notitia auctorum et rerum commentarii . . .* Lubeck 1688-1692 (C'est la première partie du *Polyhistor :* le "Literarius", qui est autant un manuel du travail intellectuel qu'une "Bibliothèque").

NAUDE G. : *Advis pour dresser une Bibliothèque . . .* Paris, 1627 (puis 1644). *Bibliographia politica . . .* Venise, 1633 (puis 1637-1642 à Leyde, 1645 à Amsterdam, 1684 à Cambridge), (traduite en Français par Charles Challine, Paris 1642). (G. Naudé composa plusieurs autres "Bibliothèques" et plusieurs biographies).

ORSINO Fulvio : *Imagines et Elogia virorum illustrium et eruditorum prisci aevi, ex antiquis lapidibus et numismatibus expressae cum annotationibus . . .* Rome 1570 (traduction française en 1710). Commentaria in Imagines Illustrium ex Fulvii Ursini Bibliotheca, par Faber, Joannes – Anvers, 1606.

PERRAULT Charles. : *Les Hommes Illustres qui ont paru en France pendant ce siècle. Avec leurs portraits au naturel . . .* Paris, 1697-1700.

PETRARQUE : (*De viris illustribus. . .* 1379).
– Traductions de Plutarque éditée en 1476 à Vérone en 1478 à Venise.

PHOTIUS : *Bibliotheca* ou *Myriobiblon* (édité par Hoeschelius en 1601, par A. Schott en 1606, puis en 1611 ; en 1653 à Anvers).

PITS J. : *The lives of the Kings, bishops, apostolicae men and writers of England.* (ou *"De illustribus Angliae scriptoribus"* pour la quatrième partie, consacrée aux écrivains et publiée à part en 1619).

PLUTARQUE : Ses *Vies . . .* sont éditées en 1517.

POCCIANTI, Père M. : *. . . Catalogus scriptorum florentinorum, omnis generis, quorum et memoria extat, atque lucubrationes in literas relatae sunt ad nostra usque tempora,* 1588.
(Le Père Poccianti composa aussi plusieurs Vies de Saints).

QUENSTEDT A. : *Dialogii de patriis illustrium doctrina et scrptis virorum, omnium ordinum ac facultatum qui ab initio mundi ad annum MDC claruerunt . . .* Wittebergae . . . 1654.

RAPIN, Le Père R. : *Comparaison des Grands Hommes de l'Antiquité qui ont le plus exellé dans les Belles-Lettres.* Paris, 1684. (Amsterdam, 1686).

ROENNE J. : *Index elogiorumque hactenus quae maximam partem diversis temporibus edita, nunc in quinque decadas tributa ;* Paris 1611.

ROSSI J. : (Ianus Nicius Erythraeus). *Pinacotheca Imaginum Illustrium, Doctrinae vel ingenii Laude, virorum, qui Auctore superstiti, diem suum obierunt*... Leipzig, 1642.

SAINTE-MARTHE Sc. de : *Gallorum doctrina illustrium qui nostra patrumque memoria floruerunt elogia.* Poitiers 1598, 1602, 1630 (Cf. Colletet, ᴜ.) (Cf. aussi : *Scevolae Sammarthani Quaestoris Franciae Tumulus* Paris 1630).

SANDERS A. : *De Scriptoribus Flandriae*... Anvers, 1624.
— *De gandavensibus eruditionis fama claris*... Anvers, 1624.
— *De Brugensibus eruditionis fama claris*... Anvers, 1624.

SCHOTT A. : *Hispaniae Bibliotheca*... *item elogia et nomenclator clarorum Hispaniae scriptorum qui latine disciplinas omnes illustrarunt philosophiae, medicinae, jurisprudentriae ac theologiae*... Francfort 1608.
— *Hispaniae illustratae*... Francfort, 1603-1608.

SOREL Ch. : *Bibliothèque Françoise*... Paris, 1664 (puis 1667) ("Bibliothèque choisie").

SOUTHWELL, Père N. : *Illustrium scriptorum Societatis Jesu catalogus,* Rome 1676. (Edition enrichie de Ribadeneira, P. (1608-1610-1613), déjà augmentée par Alegambe, Ph. (1643).

SPIZEL Th. : *Felix Literatus ex infelicium, Periculis et casibus, sive de Vitiis Literatorum Commentationes Historico Theosophicae*... Augsbourg 1676 — *Infelix Literatus, Labyrinthis et Miseriis suis cura Posteriori ereptus, et ad supremae salutis domicilium deductus, sive de Vita et Moribus Literatorum, Commone factiones novae historico — Theosophicae, quibus Mysterium infelicitatis Litterariae*... Augsbourg, 1680.
— *Literatus Felicissimus, Sacrae Metanoeae Proselytus, sive de conversione Litteratorum Commentarius, Selectis Doctorum veterum, scriptorumque ecclesiasticorum monumentis et documentis nec non singularibus conversorum litteratorum exemplis et Historiis Illustratus*... Augsbourg, 1685.

STAROWOLSKI Sz. : *Centum illustrium Poloniae scriptorum elogia et vitae*... Francfort 1625, Venise 1627.

TEISSIER A. : *Catalogus auctorum qui librorum, catalogos, indices bibliothecas, virorum litteratorum elogia vitas... scriptis consignarunt...* Genève 1680 (puis 1686-1705) — (Avant A. Teissier, Cl. Barksdale avait extrait des Eloges des Hommes savants de l'Histoire de J.A. de Thou — Londres 1640 et 1671, en latin).
— *Les Eloges des Hommes sçavants tirés de l'Histoire de M. de Thou avec les additions contenant l'Abrégé de leur vie, le Jugement et le catalogue de leurs ouvrages...* Genève 1683, (puis Utrecht 1696, 1697, 1715).

— *Les Vies de Jean Calvin (par Th. de Bèze) et de Théodore de Bèze (par Antoine de La Faye) mises en français*... Genève, 1681.

THEVET A. : *Les vrais Pourtraits et Vies des hommes illustres grecz et latins et payens, recueillis dans leurs tableaux, livres medalles antiques et modernes*... Paris, 1584. *Histoire des plus illustres et sçavans hommes de leurs siècles tant de l'Europe que de l'Asie, Afrique et Amérique, avec leurs portraits en taille douce, tirés sur les véritables originaux*... Paris, 1671.

TOLLIUS C. : *Oratio in obitum J.G. Vossii*... Amsterdam 1649. (Continuateur de Valeriano : *"De Litteratorum infelicitate"*).

TRITHEIM J. : *Liber de scriptoribus ecclesiasticis*... Bâle, 1494.
— *Catalogus illustrium virorum Germaniae*... Mayence, 1495.

VALERE A. : *Catalogus clarorum Hispaniae Scriptorum*... Mayence 1607 — Bibliotheca Belgica, Louvain, 1623 (puis 1643).

VALERIANO BOLZANI G.P. : *De Litteratorum infelicitate*..., Venise, 1620 (puis Amsterdam 1647) Cf. Alciono, P.
— *(Joannis Pierii Valeriani, ... nec non Cornelli Tollii de literatorum infelicitate libelli bono infelicium recusi*... 1664).

VESPASIANO DA BASTICCI : *Vite di Uomini Illustri*... (1493).

VOSSIUS G. : *De historicis graecis*... Amsterdam 1624.
— *De Historicis latinis*... Amsterdam, 1627.
— *De Poetis graecis et latinis*... Amsterdam, 1654.

ZUINGERUS Th. : *Theatro vitae humanae*... Bâle 1604 (vol. 4 consacré aux auteurs).

Des livres à l'image et à l'honneur des littérateurs

Il ne nous appartient pas d'étudier en détail ces œuvres du XVIe ou du XVIIe. Nous nous en tiendrons donc à une étude d'ensemble, à une sorte d'examen collectif fondé principalement sur nos listes de titres. Il se trouve en effet qu'en matière d'Histoire Littéraire des Sçavans l'étude de la seule présentation des ouvrages permet d'en dégager les caractéristiques essentielles.

Le fait le plus frappant est évidemment que le plus grand nombre de ces ouvrages sont composés en latin. Sur les cent trente ouvrages environ que nous avons retenus, moins de trente sont en français (encore n'avons-nous pas fait intervenir dans ce calcul les rééditions des ouvrages latins). La proportion de ceux, qui, écrits en latin et publiés en France, furent traduits à l'époque en français est infime. Il serait certes abusif de prétendre tirer de ces chiffres des conclusions à prétention scientifique. Nous croyons toutefois pouvoir avancer que les quatre cinquièmes environ des ouvrages d'"Histoire Littéraire des Sçavans" furent écrits en latin (en France comme dans les autres pays occidentaux). Cette proportion est à l'inverse de celle qu'indique un récent inventaire effectué par H.J. Martin sur la production française du XVIIe siècle répertoriée dans le C.G.B.N. : il paraît 30 % environ d'ouvrages en latin au début du siècle, moins de 10 % à la fin du siècle (92).

Ainsi on pourrait dire que l'"Histoire Littéraire des Sçavans" a sa propre langue : celle des hommes qui l'écrivent et qui la lisent (93). Tel est le tain du miroir que les Littérateurs se présentent à eux-mêmes. Et l'on a montré récemment que le latin, langue d'enseignement, était une pièce importante dans la "fermeture" (voulue) des collèges au monde extérieur (94).

Cette communauté de langue, on le sait, n'est pas propre à la France. Et la seconde caractéristique frappante est le cosmopolitisme de l'"Histoire Littéraire des Sçavans". Nous nous sommes efforcé de donner dans notre liste une représentation équitable pour chacun des pays intéressés (95). Et il est aisé de vérifier par ailleurs que Gesner, La Croix du Maine, Labbe et Morhof — et leur quatre "Bibliographies" qui couvrent à peu près les deux siècles — connaissent chacun l'ensemble de l'Histoire Littéraire "Européenne" des Sçavans. Les explications de ce phénomène paraissent évidentes. A côté de la solidarité linguistique, et par elle, subsiste la communauté de la tradition littéraire antique. L'iconographie, image au sens propre du terme, montre à quel point la mythologie reste inséparable de la représentation des littérateurs ou de l'univers intellectuel. D'autre part, qu'ils voyagent pour accompagner leur protecteur, qu'ils se déplacent d'Université en Université ou de collège en collège selon les besoins de l'Ordre Religieux auquel ils appartiennent, qu'ils parcourent plusieurs contrées à la recherche des livres qui enrichiront telle grande bibliothèque, ou simplement pour accomplir le traditionnel périple "initiatique", les littérateurs ont dans bien des cas la possibilité de circuler hors de leur pays natal. Les contacts ont d'autant plus de chance de s'établir que, pour le XVIIe siècle au moins, la circulation des ouvrages eux-mêmes est importante (96). Et l'on peut supposer que les bibliothécaires (au sens moderne du mot) se tenaient à l'affût de toutes les "Bibliothèques" qui pouvaient paraître. L'"Histoire Littéraire des Sçavans" se trouve ainsi ancrée dans un temps et dans un espace culturels. Son cadre est celui de la République des Lettres : il déborde largement les frontières nationales.

Beaucoup de nos ouvrages présentent dans leur titre, un terme qui annonce à la fois un contenu et un type de mise en forme. Le mot

---

(92) H.J. Martin : *Livre, Pouvoirs et Société à Paris au XVIIe siècle* — Paris 1969 p. 1064 (graphique).

(93) H.J. Martin a établi qu'à la fin du XVIIe siècle en France, plus de la moitié des auteurs sont, aussi, des ecclésiastiques ; ouvr. cité p. 422 et p. 908. Notons par ailleurs qu'au XVIIe siècle les biographies de Saints ou de Rois sont généralement composées en Français.

(94) P. Snyders : *La Pédagogie en France aux XVII et XVIIIe siècles,* Paris 1965. Il faut voir là une raison supplémentaire, et majeure, de l'oubli dans lequel est tombée aujourd'hui l'"Histoire Littéraire des Sçavans".

(95) Consacrant en 1729 une Préface à l'Histoire Littéraire des Scavans, le R.P. Niceron juge que la production française en ce domaine est insuffisante, l'allemande surabondante, l'anglaise à mi-chemin de ces deux extrèmes.

(96) Cf. l'ouvrage cité d'H.J. Martin.

"bibliothèque" est celui qui revient le plus fréquemment. Dès le XVIIe siècle, les dictionnaires enregistrent sa nouvelle acception : il peut désigner un livre qui dresse le catalogue des ouvrages contenus dans une bibliothèque ou donne les biographies et les éloges des illustres auteurs de livres (le *Dictionnaire* de Furetière par exemple). Sans doute ce transfert de sens du lieu à l'objet est-il aisément explicable. Mais il est significatif, à nos yeux, que l'Histoire Littéraire des Sçavans en ait été l'occasion. Les implications en ont été clairement dégagées par L.E. Du Pin à la fin du XVIIe siècle, époque où cette "Histoire", qui allait être bientôt amenée à disparaître, pouvait prendre conscience d'elle-même. Dans la Préface de sa *Nouvelle Bibliothèque des Auteurs Ecclésiastiques* (1693), après avoir défini le mot "Bibliothèque", il explique en quoi consiste son propre ouvrage. Souhaitant atteindre la perfection en s'appliquant à ce genre, il a calqué aussi exactement que possible le contenu et la présentation de son livre sur ceux d'une vraie bibliothèque. La découverte du livre tiendra, ainsi, de la visite du lieu. Son plan général reflète l'ordonnancement général : de même que l'on aperçoit dès l'entrée le rangement par matières et par époques, de même il suivra l'ordre des temps et composera une table générale des matières. Puisque, s'approchant davantage, le visiteur aperçoit les titres, ce sont eux que le livre donnera ensuite avec les noms des auteurs. La lecture elle-même sera représentée, dans l'espace restreint d'un seul livre, par les abrégés des œuvres. Enfin, tout comme, s'écartant des rayons le visiteur aperçoit les portraits des créateurs "peints sur la toile ou gravés sur le cuivre", de même la "bibliothèque" fournira-t-elle des tableaux. Et Du Pin estime que, sur ce point, la copie (sa "Bibliothèque") sera supérieure à l'original (la biblio-thèque) :

> "(Je le fais, dit-il)... d'une manière bien plus vive et bien plus naturelle, non seulement dans le récit de leur vie mais aussi dans le jugement que l'on porte sur leur style, de leur esprit et de leur génie" (97).

On voit ainsi que la composition des ouvrages qui traitent de l'"Histoire Littéraire des Sçavans" est chargée d'une signification précise. La structure, la matérialité même des livres prennent ici valeur d'image. Et nous constatons que cette représentation d'eux-mêmes que les littérateurs s'offrent à eux-mêmes les enferme, d'une façon figurée et concrète à la fois, dans leur univers propre. A ce titre les "Bibliothèques", les "Académies" (cf. Bullart), les "Athénées" (cf. Meurs), les "Gymnases" (cf. Launoy), les "Musées" et jusqu'aux "Théâtres" (cf. Beyerlinck, Gaddi, Ghilini, Lycosthènes, Zuingerus) ont la même signification que les "bibliothèques". La consultation de ces ouvrages montre d'ailleurs qu'en dépit des promesses de leurs titres, ils ne sont pas autre chose que des catalogues de livres et de biographies, ou, comme la *Pinacotheca* de Rossi par exemple, une simple suite de monogra-phies. Cette absence d'élaboration esthétique (98) pourrait faire passer pour

---

(97) Ouvr. cité p. 7.

(98) Les ouvrages où l'Histoire des Sçavans se présente sous la forme de dialogues ou de comparaisons sont peu nombreux et l'on peut dire qu'ils ne représentent que l'ébauche d'une véritable stylisation littéraire.

plus "honnêtes" ceux qui s'intitulent tout simplement (mais toujours en latin) "catalogues" "elenchus", "index", ou "nomenclator". En réalité, c'est bien le terme générique de "bibliothèque" qui a servi très tôt à désigner l'ensemble de cette production. Et nous croyons que la finalité du genre apparaît plus nettement encore du fait même qu'elle est explicitée sans être suivie d'effet : l'intention est plus évidente encore d'apparaître comme une simple intention. Si elle est une célébration, l'"Histoire Littéraire des Sçavans" constitue une sorte de "renfermement" et prend l'allure d'une litanie.

Il se trouve néanmoins que la louange des "Illustres" amenait parfois nos "historiens" à sortir du monde des littérateurs habituellement célébré dans son repliement. Les dictionnaires classiques rappellent que le terme est traditionnellement réservé aux grands dignitaires politiques ou Religieux (Cf. *Dictionnaire* de Moreri). Si les littérateurs prennent la liberté de se l'appliquer à eux-mêmes il leur arrive parfois de rassembler, sous ce nom, aux côté de véritables "Illustres", certains de leurs pairs pour lesquels il ne peut s'agir que d'un titre d'emprunt. Alors, quand l'"Histoire Littéraire des Sçavans" célèbre dans un même ouvrage de simples auteurs et de grands personnages, il apparaît que les hiérarchies sociales doivent être respectées, et comme traduites littéralement, dans le corps du livre. L'agencement même d'un catalogue se charge de sens. On constate ainsi que J. Pits évoque successivement les vies des rois, des archevêques, des ecclésiastiques et, enfin, des hommes de lettres. La partie de son livre consacrée à ces derniers sera même détachée de l'ensemble et publiée à part. D'une façon assez semblable, Papire Masson a pris soin de ménager deux parties bien distinctes dans son recueil d'*Eloges*. Ce sont les dignitaires politiques et militaires qui ouvrent le défilé ; ensuite seulement viennent ceux qui se sont illustrés par leur savoir ou leur talent. Ghilini, qui choisit d'adopter l'ordre alphabétique pour son *Teatro* éprouve le besoin de justifier cette audace dans une série d'avertissements aux lecteurs :

> "Le troisième avertissement est que, comme parmi ces Hommes de Lettres, il y a certains Princes et Grands Personnages, ceux-ci pourraient me reprocher de les avoir placés au milieu de personnes qui leur sont inférieures. Je les supplie de m'excuser si je ne puis en ce cas particulier les servir, comme c'est mon intention [. . .]. Mon but principal, ici, a été d'ouvrir un théâtre d'Homme de Lettres, titre sous lequel sont placés, sans considération de personnes, aussi bien les Princes et les Hauts Personnages que les gens sans distinction particulière [. . .].

> "Le quatrième avertissement est que, pour éviter d'établir une hiérarchie parmi les auteurs étudiés, j'ai suivi l'ordre alphabétique dans la disposition de mes Eloges" (99).

Mais en France, il faut un Scévole de Sainte-Marthe, intendant des Finances, maire de Poitiers, pour que la confusion des rangs, dans un recueil d'Eloges des sçavans, ne soit pas assortie d'excuses précautionneuses. Tout Académicien qu'il est, Guillaume Colletet qui dédie sa traduction des *Elogia*

---

(99) Traduit de l'Italien par Madame Nelly Cristin.

au Chancelier Séguier croit nécessaire d'expliquer que la gloire des Lettres peut autoriser l'oubli des distinctions ; au reste, ajoute-t-il, la responsabilité d'un traducteur est limitée. Il n'en va pas de même lorsque Perrault, qui avait pourtant été "Contrôleur Général des Batimens" et homme de confiance de Colbert, prend l'initiative de célébrer, indistinctement, les "Hommes illustres qui ont paru en France pendant ce siècle" (100). La première partie de son ouvrage paraît en 1697. Dans la Préface, l'auteur indique qu'il entend donner leur place à tous ceux qui ont "fait honneur à (leur) siècle", y compris ceux qui se sont illustrés dans les Lettres et les Arts. Il signale également que chacun n'aura droit qu'à deux pages ; et cet égalitarisme est justifié par la taille forcément limitée d'un ouvrage quel qu'il soit (101). Piètre justification... et d'autant moins suffisante que l'égalité des espaces typographiques se double d'un traitement iconographique qui est le même pour tous : en regard de chaque éloge se trouve le portrait "au naturel" du personnage évoqué. Sans doute Perrault espère-t-il surtout être pardonné grâce à sa renonciation à l'ordre chronologique :

"Cet ordre, dit-il, aurait causé un mélange bizarre en confondant les estats et les qualitez, et en plaçant quelquefois un simple artisan entre un Cardinal et un Grand Prince".

Le premier tome des *Hommes Illustres* présente donc successivement onze dignitaires ecclésiastiques, trois grands capitaines, sept grands politiques, vingt et un hommes de lettres, huit "artistes" (102). L'ouvrage a un succès de scandale (103). Et Perrault, en tête du second volume qu'il publie en 1700, répond à certaines accusations :

"On me reproche d'avoir meslé des Artisans et des Princes et des Cardinaux... ; il n'est point vrai que je les ai meslez ensemble et ils sont dans des classes toutes séparées les unes des autres. Comme mon intention principale a été de faire honneur à notre Siècle, j'ai cru que le génie et la capacité extraordinaire des Ouvriers, qu'il a produits était un avantage que je ne devais point négliger, et que ces excellents hommes ne contribuèrent guère moins en leur manière à la gloire du siècle où ils ont vécu, que les grands hommes d'Etat et les Grands Capitaines".

Il semble que les littérateurs soient absents de cette lutte de "classes". En réalité, si Perrault répond explicitement à certains reproches, il en est d'autres auxquels la composition de son deuxième volume tient lieu de réponse. Ainsi le nombre d'éloges d'hommes de lettres est-il ramené, en 1700, de vingt et un à treize. Et la plus grande place revient, cette fois à

---

(100) Il la mènera à bien grâce à l'appui du magistrat Michel Begon. Cf. P. Bonnefon : "Perrault académicien et littérateur. Les dernières années de C. Perrault", *R.H.L.F.*, 1896.

(101) Perrault entend donner, en deux volumes, deux fois cinquante éloges. Cette centaine d'éloges à l'honneur d'un siècle confirme le caractère concerté de l'architecture de l'ouvrage.

(102) MM. Lully, Mansart, Poussin, le Brun, Le Sueur, Calot, Nanteuil et C. Ballin, orfèvre.

(103) Au-delà du sujet qui nous intéresse ici, il est à replacer dans l'atmosphère de la Querelle des Anciens et des Modernes. En outre, les éloges annoncés d'Arnault et de Nicole préoccupent la ville et la Cour. Perrault et Begon devront céder devant les interventions des Jésuites (cf. Bonnefons, article cité). Nous avons consulté à la Bibliothèque Centrale de Montpellier une édition française contenant en fin de volume les portraits gravés d'Arnauld et Nicole, sans leurs éloges ; ceux-ci ne paraîtront que dans les contrefaçons hollandaises.

l'Eglise, à l'Armée et à l'Etat : les "illustres" ont reconquis leur titre et le livre lui-même en porte témoignage qui ne ressortit plus guère à l'"Histoire Littéraire des Sçavans" (104).

Ce n'est pas un hasard si les recueils d'Hommes Illustres, dans la mesure où ils sortent des cadres de l'Histoire Littéraire des Sçavans, portent très rarement le titre de "Bibliothèque". C'est ce terme générique qui désigne avec le plus d'exactitude la partie de la littérature classique que nous venons d'étudier. S'il existe à côté de l'image dépréciative et "publique" des littérateurs une image qui leur est favorable, cette dernière, dans sa finalité et ses modalités, apparaît comme une représentation privée, et si l'on peut dire, à usage interne. S'ils parviennent à se dégager des valeurs dominantes pour se saisir de façon autonome, les littérateurs sont amenés à s'enfermer dans l'univers qui est le leur. Et la voie qu'à suivie notre étude tendait à montrer que cette attitude (ni délibérée, ni sans doute adoptée consciemment) se trouvait inscrite dans les faits d'une façon proprement littéraire, et que nous pourrions même appeler livresque.

Le monde intellectuel classique est très loin de nous. D'une production considérable, la postérité n'a retenu que quelques ouvrages. Et c'est à partir de quelques grands noms que nous sommes tentés de reconstituer, par induction, l'univers ancien du travail intellectuel. Cette démarche est naturelle mais elle n'est point suffisante. Il serait tout à fait erroné par exemple de supposer que l'Histoire Littéraire des Sçavans, parce que sa Bibliographie ne comporte pas les noms de nos grands auteurs classiques, n'était l'affaire que de quelques obscurs érudits compensant leur échec social et intellectuel par de complaisantes et mutuelles louanges. Nous pensons au contraire qu'en elle, la grande majorité des Hommes de Lettres de l'époque a pu se reconnaître. Et dans la mesure, précisément, où elle fut bientôt frappée de caducité, l'Histoire Littéraire des Sçavans mérite d'être considérée comme un témoignage direct. N'ayant pas subi cette suite complète de remodelages (en quoi consiste la postérité des Chefs-d'Œuvre), elle nous parvient quasiment intacte. Nous estimons qu'elle est relativement plus exacte, — comme représentation d'un monde intellectuel qui comptait beaucoup plus d'artisans laborieux que de poètes de cour —, que l'image dépréciative qui se dégage des œuvres "littéraires". Il n'en reste pas moins intéressant de constater que l'image idéale que les littérateurs peuvent alors donner d'eux-mêmes les enferme en quelque sorte dans leur propre univers. Si à l'époque romantique le littérateur solitaire parvient à faire reconnaître publiquement comme un chef-d'œuvre le livre dans lequel il proclame son isolement, le littérateur

---

(104) A titre indicatif nous nous sommes livré à un calcul précis sur les célèbres *Vite d'Uomini Illustri* de Vespasiano da Basticci parues en 1493 (d'après la pagination de la réédition moderne, Firenze 1938). Pontifes, Rois et Princes souverains : 115 pages – 6 vies – Cardinaux : 55 pages – 16 Vies ; Archevêques, Evêques, Prélats et Religieux : 79 pages – 29 Vies ; Hommes d'Etat : 177 p. – 20 Vies. Les trente deux hommes de Lettres ont droit à trois pages chacun environ. Les autres illustres pris dans leur ensemble à six pages chacun ; les très grands dignitaires à dix huit pages, les Hommes d'Etat à huit pages, les ecclésiastiques, des Cardinaux aux simples religieux, paraissent moins favorisés avec trois pages chaeun, mais ils arrivent en bonne position si l'on considère l'ordre de présentation.

classique qui rassemble un recueil d'images glorieuses de ses pairs ne lui donne que la forme d'un monument sommaire et conçu de façon telle que la visite en sera réservée à ses frères de la République des Lettres.

III
LES LITTERATEURS ET LA SOCIETE A LA FIN DU XVIIe SIECLE

Les tendances (et les significations) de la représentation traditionnelle des littérateurs sont illustrées par les deux images antithétiques que nous avons dégagées de deux études synchroniques. Or, vers la fin du XVIIe siècle, des types de représentations nouveaux font leur apparition qui bousculent quelque peu ce schéma antithétique et annoncent le dépassement de la contradiction qu'il recouvrait. Nous nous garderons toutefois de l'explication trop simple, qui se contenterait de supposer qu'un progrès dans la situation sociale ou économique des hommes de lettres a été la cause de ce phénomène. C'est même pour discuter cette hypothèse que nous commencerons par une mise au point historique.

Un progrès incertain

Le mythe du grand siècle, celui du "Roi Soleil" protecteur des Arts et des Lettres ont contribué à faire admettre l'idée que les littérateurs de la fin du XVIIe siècle jouissaient, en France, d'une situation et d'une considération plus enviables que celles de leurs prédécesseurs. Bien des témoignages, pourtant, montrent que l'on ne saurait être trop prudent avant de conclure sur ce point.

Trop d'ouvrages ont laissé croire que le Cardinal Richelieu avait été le premier artisan d'un progrès décisif pour que nous ne citions pas un passage du Testament, où se trouvent mis en cause tout ensemble la nécessité de l'instruction, celle des professions intellectuelles et l'exercice même de la raison :

"Ainsi qu'un corps qui aurait des yeux sur toutes ses parties serait monstrueux, ainsi un Etat le serait-il si tous ses Sujets étaient savants ; on y verrait aussi peu d'obéissance que l'orgueil et la présomption y seraient ordinaires..., le commerce des Lettres bannirait absolument celui de la marchandise, ruinerait l'Agriculture et déserterait en peu de temps la pépinière des soldats qui s'élèvent plutôt dans la rudesse et l'ignorance que dans la politesse des Sciences (...). Si les lettres étaient profanées à toutes sortes d'esprits, on verrait plus de gens capables de former des doutes que de les résoudre et beaucoup seraient plus propres à s'opposer aux vérités qu'à les défendre" (105).

---

(105) Cité par G. Snyders, ouvr. cité, pp. 400-401.

Si le fondateur de l'Académie donne l'impression de vouloir éviter une "profanation" des Lettres, on voit quel statut l'homme politique par cette sorte de charte, réserve aux savants et au savoir. Peut-être faut-il deviner, derrière cette prise de position, une réaction contre le très rapide développement des collèges durant la première moitié du siècle ? Mais si les progrès de l'enseignement sont indéniables, ils sont à évaluer par rapport à une situation initiale, héritée de plusieurs décennies de guerres civiles. Et à la fin du siècle l'Abbé Fleury, auteur connu, protégé de Bossuet, rappelle sans équivoque dans quelles limites doit se tenir l'instruction :

> "Laissez les études à ceux qui ont du loisir, quant aux pauvres, aux paysans, aux ouvriers, ils peuvent même pour la plupart se passer de lire et d'écrire" (106).

Pour le futur confesseur de Louis XV, il faut "renvoyer ceux qui n'étudient que pour des vues basses et sordides" (106). Dans une thèse récente, M. G. Snyders a bien montré que, par-delà même la période qui nous intéresse dans ce chapitre, la rénovation pédagogique qui intéresse ce siècle ne représente qu'une très lente transformation.

La formation de l'Académie Française ou le succès du courant Précieux n'autorisent pas davantage les conclusions précipitées. La création de la célèbre institution aura, certes, sur un plan très général, des conséquences favorables à cette considération que "l'on doit aux gens de Lettres". Il n'en est pas moins vrai qu'elle correspondait à des intentions politiques bien précises. Pour quelques dizaines de Littérateurs momentanément favorisés, le Cardinal se donnait, selon l'expression d'un historien contemporain "un instrument de Gouvernement" (107). Quant à la Préciosité si elle marque un changement dans l'attitude de la noblesse d'épée à l'égard du monde intellectuel, elle n'intéresse, elle aussi, qu'un nombre très limité de littérateurs. La situation générale des hommes de Lettres n'est guère modifiée lorsqu'un petit groupe de seigneurs et de Grandes Dames acceptent que quelques poètes inspirent leurs divertissements et se mêlent à leurs jeux de salon. Nous n'entendons pas discuter ici la valeur esthétique de la Littérature précieuse, mais seulement marquer les limites de l'incidence qu'a pu avoir la Préciosité sur la condition de l'ensemble des écrivains (108).

Au demeurant nous ne pensons pas que la progressive disparition des plus anciennes préventions nobiliaires contre les choses de l'esprit ait jamais pris la forme d'une révolution. A la cour du Grand Roi, certes, les nobles ne se flattent plus de leur ignorance ; néanmoins comme l'écrit M. Martin, "il reste mal porté à la Cour de faire carrière littéraire" (109).

---

(106) C. Fleury, *Traité du choix et de la méthode des études* – Paris 1685, chap. XXIII. Ces textes sont également cités par Snyders, pp. 402-403.

(107) Cf. H.J. Martin, ouvr. cité, p. 438, qui reprend l'étude de A. Adam dans le premier volume de son *Histoire de la Littérature Française au XVIIe siècle*.

(108) Nous avons incorporé la *Galerie des Portraits* de Melle de Montpensier dans notre bibliographie de l'"Histoire Littéraire des Sçavans". Elle ne s'y rattache guère, à vrai dire, que par sa présentation.

(109) H.J. Martin, ouvr. cité, p. 911.

L'exemple même de la "carrière de Racine" demeure ambigu. Sans doute l'auteur de *l'Ode sur la renommée aux Muses* s'avance-t-il grâce à ses talents d'écrivain. Il parviendra pourtant à un emploi dont la dignité est telle qu'il exige la renonciation à une certaine forme de littérature (110). Et l'on sait que la plupart des grands Seigneurs qui ont composé des ouvrages ne chercheront aucunement à se prévaloir de leur qualité d'auteur.

Au total nul changement décisif n'était possible dans une Société où le littérateur n'est jamais directement rénuméré pour les productions de son esprit. Sur ce chapitre, la situation ne se modifie que très peu au cours du XVIIe siècle. Nous avons déjà évoqué, sous un autre point de vue, la question des "Auteurs et de leur pauvreté" (111). Et il est établi qu'il demeure "toujours quelque peu choquant" (112) de réclamer ou de recevoir de l'argent pour l'impression d'un ouvrage. Sans doute les bénéfices considérables réalisés par certains libraires parisiens ont-ils pu faire naître de nouvelles exigences chez quelques auteurs. Comme le dit Sorel :

> "On ne doit point s'étonner que quelques gens cherchent du profit par leurs veilles et par leurs études (. . .). Ceux qui peuvent tirer du profit de leurs études mesmes sont encore plus heureux : ils font connaître que l'application des Muses n'est pas si ingrate que plusieurs pensent" (113).

Mais le même auteur, dans le même ouvrage, affirme qu'il est : 'honteux qu'on se soit ainsi accoutumé à travailler pour le gain plutôt que pour la gloire" (113).

Il ne manque pas d'écrivains, de Mascarille à G. Guéret (dans la *Promenade de Saint-Cloud*) (114) pour fustiger, chez leurs pairs, des préoccupations matérielles qui rabaissent l'exercice des Lettres au rang d'un vil métier. Nous avons essayé de montrer que dès le début de sa carrière, Sorel était conscient de la contradiction qui caractérise alors la condition des gens de Lettres (115). D'un côté en effet ils sont amenés, pour rester dignes des Grands dont ils sont les "domestiques", à proclamer le noble désintéressement de leur activité intellectuelle ; d'un autre côté, cette "gratuité", qui peut avoir les plus néfastes conséquences sur leur vie personnelle, leur paraît anormale s'ils la rapportent à certaines règles de la Société commerciale avec laquelle ils restent en contact. Or à lire le petit essai sur le fonctionnement interne de la République des Lettres qu'A. Baillet compose sous le titre "Des jugements sur les livres en général" (116) on constate que le problème se pose toujours dans les mêmes termes à la fin du siècle. A ses yeux, il est

---

(110) Cf. R. Picard, ouvr. cité, p. 201, p. 369, p. 492.

(111) Cf. ci-dessus, I.C.

(112) Cf. R. Picard, ibid., p. 201.

(113) Ch. Sorel, *De la Connaissance des bons livres*, Paris p. 38 & 33.

(114) Cf. Bruys, *Mémoires*, Paris 1888 ; mais *la Promenade* date de 1671.

(115) Cf. article cité, *Revue des Sciences Humaines*, Janvier-Mars 1970, pp. 5-14.

(116) En tête des *"Jugements des Sçavans..."*, avec une pagination particulière.

d'abord impossible que les considérations économiques n'entrent pas en ligne de compte dans l'exercice même des Belles-Lettres :

> "Quoique la République des Lettres ne reconnaisse point d'autre qualité ni d'autre dignité dans les jugements qu'elle porte des Ecrivains que celle d'Auteur et qu'elle fasse profession de ne point considérer davantage les têtes couronnées ni les autres personnes les plus qualifiées, que celles qui passent pour les dernières et les plus basses sur les rangs établis dans le monde : Il faut reconnaître néanmoins qu'on n'y est pas entièrement libre de préjugé sur ce point, et qu'on ne laisse pas de mettre quelquefois autant de distinction entre les livres des uns et des autres qu'il y en a entre les personnes" (117).

Pourtant, lorsqu'il constate que certains auteurs tiennent à montrer par l'anonymat qu'ils n'attendent aucun bénéfice de leurs ouvrages, il reconnait la légitimité de cette attitude (118). Le silence et la résignation lui paraissent s'imposer devant un problème manifestement insoluble :

> "J'aime mieux renvoyer le lecteur aux Recueils quoiqu'imparfaits que Pierus, Tollius, Spizelius (119) ont fait des misères et des malheurs arrivés aux gens de lettres que de m'étendre sur une matière si odieuse aux personnes qui veulent faire fortune, et si capable de dégoûter de l'étude des Esprits qui recherchent dans les Sciences autre chose que ce que l'on doit y chercher" (120).

Le seul cas que nous ayons rencontré de travailleurs intellectuels qui soient alors reconnus et traités comme tels est celui des "Scriptores" que la Compagnie de Jésus employait dans certains de ses grands collèges. G. Dupont-Ferrier décrit leur situation au collège de Clermont. Encore ces véritables chercheurs, dont la tâche était de "faire la science, et pas seulement de la vulgariser" ou de l'adopter aux nécessités pédagogiques, étaient-ils plutôt entretenus que rémunérés : en guise de salaires le Collège leur donnait "le gite, le couvert et ces longs loisirs qu'exige le culte jaloux de la science" (121). En tout état de cause la Compagnie ne fait qu'épargner aux Littérateurs les soucis matériels ; les problèmes économiques généraux ne s'en trouvent pas résolus pour autant. Nous avons d'ailleurs signalé que l'appartenance à un ordre religieux, l'obtention de bénéfices ecclésiastiques, solutions les plus courantes à l'époque, et qui ont permis à beaucoup de poursuivre leur carrière littéraire, ont, en même temps, retardé la prise de conscience chez les littérateurs des solutions qui pouvaient réellement leur permettre d'être reconnus socialement et économiquement.

Par conséquent, les quelques changements intervenus dans la situation des hommes de lettres au cours du XVIIe siècle, ne sont pas dûs à l'action des Hommes de Lettres, que leur dépendance continue d'enfermer dans de

---

(117) Chap. III, p. 87.

(118) Ibidem, chap. XII, p. 250.

(119) Cf. Notre bibliographie, ci-dessus II, B.

(120) Ibid., chap. XIV, p. 301.

(121) G. Dupont-Ferrier, *Du Collège de Clermont au Lycée Louis-le-Grand*, Paris, 1921-1922, t. I, Première partie, l. I, p. 52 et l. III. Parmi les "Scriptores", nous relevons les noms des Pères Fronton Du Duc, Sirmond, Petau, Labbé etc.

paralysantes hésitations. Ils apparaissent comme la conséquence indirecte de transformations générales de la société classique : le développement considérable de l'imprimerie du point de vue technique et économique, et l'exploitation qui en est faite par les pouvoirs civils et religieux. C'est dans le cadre du "progrès" culturel général qui s'ensuit qu'une certaine évolution peut se manifester. Nous l'étudierons à travers ces nouvelles formes de représentation des littérateurs qui apparaissent à la fin du siècle.

Le renouvellement de l'Histoire Littéraire des Sçavans

En extrayant de la bibliographie que nous avons donnée ci-dessus les ouvrages parus dans les vingt dernières années du XVIIe siècle, un fait apparaît clairement : la proportion d'ouvrages composés en français y est considérable. La *Bibliothèque Française* de Sorel constituait déjà, par son seul titre, une anomalie chargée de sens. Cette image que les littérateurs donnaient d'eux-mêmes dans l'Histoire Littéraire des Sçavans n'avait en effet de valeur, ne jouait son rôle que dans la mesure où, composée en latin, elle demeurait "privée". De ce fait, il est plus frappant encore de voir un critique (au sens qu'avait alors ce mot) comme Baillet, donner tout au long de son livre les titres des ouvrages en français, ou en traduire sommairement le contenu. Ainsi les *Dialogiis de Patriis* de Quenstedt deviennent-ils "un grand traité en forme de dialogues du pays et du lieu de la naissance des Hommes de Lettres, qui ont vécu depuis le commencement du monde jusqu'en l'an 1600" (122). Les présenter ainsi, n'est-ce pas les offrir à un public de lecteurs extérieurs à la République des Lettres ? La même impression se dégage de l'entreprise d'A. Teissier : non seulement il extrait les *Eloges des Hommes savants* de l'Histoire du Président de Thou pour les traduire, mais il les complète :

"Comme chacun (des éloges) est court dans l'original j'y ajoute l'Abrégé de leur vie, les Jugements de leurs principaux écrits et le catalogue de leurs œuvres" (123).

C'est tout le programme propre à l'Histoire Littéraire des Sçavans qui paraît ainsi susceptible d'intéresser l'ensemble du public. Certes, la renommée du Président de Thou était loin d'être seulement littéraire, et l'on pourrait supposer que le traducteur avait tenu compte du fait. Mais les *Eloges* sont réédités, quatre ans après leur parution (en 1697), avec un *Advis de l'Imprimeur* qui fournit une autre explication :

"Comme en ce siècle on désire avec passion de savoir tout ce qui regarde, l'Histoire des Savants et de leurs ouvrages, ce livre fut bien reçu du public".

Il se trouve que Teissier, protestant exilé, publie successivement son ouvrage à Genève et à Utrecht. Mais son ouvrage est bien destiné aux lecteurs

---

(122) *Jugements des Savans*, T. II, Première Partie, chapitre I.

(123) *Les Eloges des Hommes Scavans*, T. I, Avertissement.

de France, auxquels il parviendra par les réseaux clandestins de diffusion. En France même d'ailleurs, on peut, aux noms de Sorel et de Baillet, ajouter, entre autres, ceux de Perrault et de Ménestrier. Si la fin du XVIIe siècle marque la fin de l'"Histoire Littéraire des Sçavans" pour des raisons que nous avons partiellement analysées en leur lieu, cette francisation ultime montre que la possibilité était née d'une représentation favorable et publique des littérateurs. Un tel changement suppose à la fois l'évolution du public, celle des auteurs, mais aussi, chez ces derniers une transformation supplémentaire : ce qui est modifié, ce n'est pas seulement la conscience d'eux-mêmes qu'ont les littérateurs, mais aussi la conscience d'une conscience nouvelle que l'on a d'eux à l'extérieur de la République des Lettres. C'est l'une des raisons pour lesquelles cette représentation favorable et désormais publiquement recevable, s'exprime d'abord sous la forme d'une "Histoire Littéraire des Sçavans" transformée de l'intérieur.

L'apparition des "ouvrages périodiques" littéraires

Le premier type nouveau de représentation apparaît donc dans un cadre ancien. La seconde nouveauté est encore une image favorable des littérateurs, mais elle semble liée à l'apparition d'une nouvelle forme d'expression littéraire.

Il est curieux de rencontrer, dès l'ouvrage d'A. Baillet, des ouvrages périodiques comme le *Journal des Savants* et les *Nouvelles de la République des Lettres* dans un chapitre consacré à l'Etude de l'Histoire Littéraire des Sçavans. De façon significative déjà, le fils de Guillaume Colletet, (qui avait lui-même "tourné en Français" les *Eloges* de Scévole de Sainte Marthe), François Colletet, avait tenté de prolonger l'œuvre du Père Jacob en publiant le *Journal de Colletet* (en 1676) et une *Bibliographie Française* (en 1677) et une *Bibliographie française et latine, suite des nouveautés du temps* (en 1678) (124). Composant un demi-siècle plus tard, son *Histoire critique des Journaux* (125), D.F. Camusat reconnaîtra que le Père Jacob peut être considéré comme l'un des inventeurs des "Journaux". Il semble que dès la dernière décennie du XVIIe siècle, les "ouvrages périodiques" littéraires aient été considérés comme les successeurs de l'Histoire Littéraire des Sçavans. C'est probablement le sentiment de Baillet qui, se demandant s'il doit parler au nom des auteurs vivants, répond :

> "Je me suis déterminé à le faire par l'exemple des bibliothécaires, des Ecrivains d'Hommes Illustres, des Auteurs de Journaux, et par l'avis de quelques personnes, qui m'ont voulu persuader que notre curiosité cherche encore plus à se satisfaire sur les vivants que sur les morts" (126).

---

(124) Cf. L.N. Malclès, ouvr. cité, p. 58.
(125) Amsterdam, 1734.
(126) A. Baillet, ouvr. cité, Avertissement de 1685, p. 8.

Ainsi, que le point de vue soit rétrospectif comme chez Camusat, ou que l'on suive le cours de l'Histoire (la chronologie) comme chez Baillet, la filiation est reconnue. Elle est attestée par de très nombreux témoignages du XVIIIe siècle, depuis l'Avertissement déjà cité du Père Nicéron en tête de ses *Mémoires* jusqu'à l'article que l'Edition de 1754 du *Dictionnaire* de Moréri consacre aux Journaux. Naguère elle a été constatée, mais uniquement dans son aspect bibliographique, par les historiens de la Bibliographie (127). En revanche elle semble avoir été oubliée dans la récente *Histoire Générale de La Presse Française* (128).

Pourtant le titre même des premiers périodiques indiquait assez quelle était leur mission. Dans le cas du *Journal des Savants,* nous savons même, par Camusat, qu'il fut d'abord mal compris :

"Le titre du Journal des Savants lui enleva d'abord quelques lecteurs, qui ne se sentant point une érudition fort étendue, crurent qu'on avait voulu leur faire entendre, par là, que cette lecture n'était pas à leur portée (...) Il (M. de Sallo) fut obligé d'avertir que quoique le frontispice de son livre semblât ne demander pour lecteurs que des Savants de profession, des Erudits, néanmoins il pouvait assurer les ignorants qu'ils trouveraient toujours de quoi s'amuser et que la plupart des choses dont il y parlait n'avaient rien qui fût au-dessus de la médiocre intelligence" (129).

Mais cette Histoire Littéraire des Sçavans à la portée de tous, pour garder le ton cavalier de Camusat, ne pouvait plus, de ce fait même, garder son nom. Une transformation plus décisive encore que la francisation s'était effectuée. Elle apparaît jusque dans l'emploi des temps utilisés par exemple dans le texte du renouvellement de privilége, obtenu pour le *Journal des Savants* en 1679. Les auteurs sont autorisés à publier un

"abrégé, extrait, ou jugement de toutes sortes de livres qui seront publiés dans toute l'Europe sur toutes sortes de science etc." (130).

Il s'agira donc, exclusivement, de tout ce qui concerne le présent de la République des Lettres. L'"Histoire Littéraire des Sçavans" qui a pu, en une ultime phase de son existence, se franciser, ne pouvait se séculariser. Les littérateurs, pour composer une image qui les représentât favorablement, s'étaient toujours sentis obligés de mobiliser les gloires passées. Avec les ouvrages périodiques, le renouvellement est donc complet : du *Journal des Savants* aux *Nouvelles de la République des Lettres,* les activités intellectuelles et les "ouvriers de l'esprit" se trouvent à l'honneur, en des ouvrages accordés à leur temps et reçus par le plus large public.

---

(127) Cf. L.N. Malclès, ouvr. cité p. 42 et p. 53.

(128) Paris 1969, vol I : *Des Origines à 1814,* chapitre III : Les débuts de la Presse Périodique (1631-1724), pp. 83-158

(129) Cf. *Histoire des Journaux*, t. I, chap. I^e, Paragraphe 3.

(130) Cité dans *Histoire Générale de la Presse Française*, t. I, p. 133.

Mais il est clair que l'on ne peut se contenter de voir dans les périodiques littéraires des ouvrages destinés à entretenir la "culture de l'honnête homme" ou consacrés à la vulgarisation scientifique (131). C'est ne retenir que ce qui intéresse le public. Or, ces ouvrages nouveaux, ont d'abord un sens dans l'histoire de la représentation que les littérateurs ont donnée d'eux-mêmes. Ils marquent un dépassement par rapport à cette tradition où deux images antithétiques, et inversement orientées quant à leur destination (dépréciative et publique, ou favorable et privée), s'étaient longtemps côtoyées. Mais ce dépassement aurait pu prendre une autre forme : des images favorables auraient pu apparaître dans les ouvrages "Littéraires", romans, satires, comédies, où la dépréciation était de règle auparavant. Il n'en fut pas ainsi. Ce phénomène est significatif, car il ramène le dépassement que nous venons d'évoquer à une évolution limitée. L'image favorable du travailleur intellectuel ne paraît pas succeptible de devenir, à la fin du XVIIe siècle, ce que nous appelons un thème littéraire. Si le cadre ancien dans lequel elle s'est développée ne suffit plus, les genres d'où elle fut toujours exclue ne l'acceptent pas encore. De cette tension naissent une nouvelle forme d'expression et des livres nouveaux dans leur contenu et jusque dans leur mode de parution.

Ainsi, tandis que survit, et pour longtemps encore, le thème du littérateur ridicule, une représentation favorable d'un type nouveau apparaît. Si elle n'a point encore les honneurs d'une véritable élaboration esthétique, elle n'a plus le formalisme élémentaire d'un rituel de célébration posthume. Elle prend la forme, imprévue, de ce que nous appelons aujourd'hui, d'un terme trop neutre, l'information.

Nous avons trouvé un autre écho de cette évolution dans le témoignage individuel de La Bruyère dont l'ouvrage "moral" tient à la fois de l'Histoire et de la Littérature.

LA BRUYERE : Pour une reconnaissance des travailleurs intellectuels

Il est fréquent de voir étudié à part, dans les *Caractères,* le premier chapitre ("Des ouvrages de l'esprit"), auquel on a joint un certain nombre de remarques, disséminées dans le reste de l'ouvrage mais portant également sur les Belles-Lettres. L'ensemble est examiné, depuis Sainte Beuve, comme étant d'un théoricien de l'art classique ; et, en effet, le rapprochement s'impose souvent avec *l'Art Poétique* de Boileau. Toutefois, la tradition beuvienne analysait surtout les idées littéraires. Or, le titre choisi par La Bruyère pour son chapitre d'ouverture n'est pas aussi étroit. Sous la rubrique des "Ouvrages de l'Esprit" ne s'attend-on pas à trouver, aussi, des remarques sur ceux qui composent ces ouvrages, sur les conditions dans lesquelles ils les composent ?

---

(131) Cf. Ibid., pp. 127 et suivantes.

Un nouvel examen des textes nous a convaincu qu'il était aussi intéressant d'aborder tout cet aspect du livre sous l'angle des réalités de la pratique littéraire. On peut alors, en effet, rectifier l'image, difficilement acceptable en vérité, d'un La Bruyère "dissocié", théoricien docile mais praticien aigri et grincheux.

Le seul ouvrage consacré à la critique sociale dans *les Caractères* semble ignorer les passages consacrés à l'homme de Lettres (132). L'auteur utilise d'ailleurs une classification conforme à la hiérarchie de l'ancien régime qui, on le sait, ne réservait point de place aux "intellectuels". Il est bien question, après les trois "ordres", du traitement accordé à d'autres catégories ; mais les chapitres consacrés successivement aux "Partisans" et au "Peuple" ne pouvaient pas non plus, semble-t-il, accueillir l'homme de Lettres. C'est seulement au détour du chapitre de la deuxième partie, (Critiques des Institutions, chapitre 4 : "Le chemin des richesses") que l'on rencontre une analyse du portrait d'Antisthène, cet auteur qui s'évanouit "à la vue d'un livre". Encore l'analyse est-elle abrégée puisque le "chemin des richesses", précisément, n'est pas celui qu'a choisi le malheureux Antisthène.

On a pourtant reconnu quelquefois la virulence et l'intérêt de certaines observations de La Bruyère sur sa propre condition. Ainsi, étudiant le début du *Discours de Réception à l'Académie Française,* Gustave Michaud constatait :

"On entend là comme une revendication de ce que nous appellerions le parti des intellectuels" (133).

Pour une fois, l'"ouvrier de l'esprit", comme l'appelait La Bruyère lui-même a été entendu ; mais il a été mal compris. La revendication professionnelle émane bien d'un intellectuel, mais d'un intellectuel sans parti, et dont l'isolement provoque précisément la réaction. G. Michaud n'entend d'ailleurs plus du tout de revendication lorsqu'il étudie le premier chapitre des *Caractères* ou, encore, après M. Lange, le peintre et le critique des conditions sociales (134). Il relève le mécontentement de La Bruyère face à certaines inégalités, mais le rattache au souhait très général d'une reconnaissance du "mérite personnel".

A notre connaissance R. Barthes fut le premier à admettre que l'on trouve dans *Les Caractères* une réflexion originale sur le métier d'écrivain. Ainsi dit-il, le but moral de l'écriture est absorbé :

"dans un ensemble de définitions beaucoup plus modernes : l'écriture est un métier ce qui est une façon, à la fois de la démoraliser et de lui donner le sérieux d'une technique, (...) on s'engage dans l'écrire ou dans le non-écrire, ce qui signifie qu'écrire est un choix" (135).

---

(132) M. Lange : *La Bruyère, critique des conditions et des institutions sociales,* Paris, Hachette, 1909.

(133) G. Michaud : *La Bruyère* – Boivin, 1936, p. 59.

(134) *Ibid.*, chap. V, chap. VI, chap. VII.

(135) "La Bruyère", p. 235, dans : *Essais Critiques,* Paris, éd. du Seuil, 1964.

Il n'est pas certain que La Bruyère ait "démoralisé" la pratique de la Littérature ; nous croirions plus volontiers qu'il fut amené à lui trouver une valeur morale nouvelle. Nous estimons en effet que l'on trouve dans *Les Caractères,* exprimé par un ami de Boileau et de Bossuet, le premier appel à une reconnaissance de l'homme de Lettres comme travailleur intellectuel.

a) Le métier d'écrivain

"C'est un métier que de faire un livre comme de faire une pendule : il faut plus que de l'esprit pour être auteur, un magistrat allait par son mérite à la première dignité, il était homme délié et pratique dans les affaires : il a fait imprimer un ouvrage moral, qui est rare par le ridicule" (136).

Cette troisième remarque de la première édition des *Caractères* doit être prise dans son sens littéral. D'entrée de jeu, La Bruyère formule l'idée qui est au centre de sa réflexion sur ce problème. L'emploi au singulier du mot "Livre" n'enlève rien à la généralité de l'observation puisqu'il est rendu nécessaire par la suite de la remarque : c'est "un" livre qu'a voulu composer le magistrat. La mésaventure de ce dernier est d'ailleurs plus qu'un exemple ; elle éclaire l'affirmation initiale en condamnant ce que nous pourrions appeler la double appartenance ou le cumul des fonctions. Telle était pourtant la situation de la plupart des écrivains, à une époque où la production littéraire n'était pas en elle-même une source de revenus. L'exigence professionnelle est donc présentée ici comme inséparable d'un choix social. La boutade célèbre de *l'Art Poétique* n'allait pas aussi loin (137). On se rappelle qu'en 1686, deux ans avant la première édition des *Caractères,* La Bruyère avait résigné sa charge de Trésorier des Finances de la Généralité de Caen et que, cette même année, il avait cessé d'exercer ses fonctions de précepteur du Duc de Bourbon (devenu l'époux de Mademoiselle de Nantes). Si, autour des années 1690, il est encore attaché à la maison de Condé, on présume qu'il n'assumait plus alors que les charges de Secrétaire de Monsieur le Prince (ex-duc d'Enghien, fils du Grand Condé) et de Bibliothécaire, conciliant peut-être mieux ainsi son autonomie professionnelle et ses besoins économiques (138).

On comprend, à partir de là, les portraits d'Eurypyle et de Cydias (139) qui semblent, d'une part, s'opposer l'un à l'autre et, d'autre part, s'opposer ensemble à une définition professionnelle de l'Homme de Lettres. En 1691, La Bruyère se refuse à croire au sérieux de celui que le public considère comme un "bel esprit" de métier :

---

(136) *Caractères,* I, 3 (1e éd.).

(137) "Soyez plutôt Maçon si c'est votre talent,
Ouvrier estimé dans un art nécessaire
Qu'écrivain du commun, et Poète vulgaire".
Boileau – *Art poétique,* IV, 26-28.

(138) On peut se reporter sur ce point aux indications fournies dans l'édition Servois des *Œuvres* de La Bruyère, t. I, p. LXXIV. Des incertitudes subsistent mais l'abbé d'Olivet, dans son *Histoire de l'Académie Française,* éd. Livet, t. II, p. 317, affirme qu'après 1685 La Bruyère reste dans la maison des Condés comme "Homme de Lettres".

(139) *Caractères,* XII, 20 – (6e éd.), V, 75 (8e éd.).

"Je vous demande quel est l'atelier où travaille cet homme de métier, ce bel esprit ? (...) quelle est son enseigne ? " (140).

En 1694, au contraire, il est sans pitié pour ce Cydias installé dans sa profession de "bel esprit" et qui a, lui, "une enseigne, un atelier, des ouvrages de commande, et des compagnons qui travaillent sous lui" (141). Dans les deux cas, il s'agit de condamner un certain type de "bel esprit". Eurypyle est incapable d'élever ses activités à la dignité d'un métier reconnu et considéré. Parler de métier à son propos est un abus de langage. Pour Cydias, au contraire, il faut bien parler de profession mais l'abus, cette fois, concerne les choses et non plus les mots : touche-à-tout, intéressé, vaniteux, véritable affairiste mondain de la littérature, il risque de déshonorer sa profession (142). Que ce soit par défaut ou par excès, chacun de ces deux personnages contribue donc à montrer que la pratique des Lettres doit être un métier, qui a des exigences et ses règles.

L'exigence première consiste en une véritable formation professionnelle. La Bruyère la juge d'ailleurs nécessaire pour tous :

"Les hommes devraient employer les premières années de leur vie à devenir tels par leurs études et par leur travail que la république elle-même eût besoin de leur industrie et de leurs lumières, qu'ils fussent comme une pièce nécessaire à tout son édifice, et qu'elle se trouvât portée par ses propres avantages à faire leur fortune ou à l'embellir" (143).

En ce qui concerne l'écrivain, il la réclame dans un portrait, — celui de Dioscore (144) —, qui est en même temps une histoire où il intervient personnellement (fait rare dans les *Caractères*). Dioscore décide du jour au lendemain de devenir écrivain. Il le devient et il faut même bientôt "réimprimer" son premier livre qui a été un succès. Cette formation, nécessaire à tous, l'est donc plus encore dans un secteur professionnel où l'on peut croire, à l'époque, qu'elle ne l'est point. Dioscore ne peut pas suivre les conseils du narrateur qui lui crie inutilement : "Prenez une scie (...), ou bien tournez, ou faites une jante de roue", car "il n'a point fait l'apprentissage de ces métiers". Dès lors, il devrait se contenter d'être copiste ou, "au plus, correcteur d'imprimerie" ; son succès d'écrivain est une imposture. Le professionalisme de La Bruyère peut paraître rigoureux : il répondait à une situation sociale et intellectuelle qui rendait possible le succès des Dioscores ou des Cydias.

---

(140) Ibid., XII, 20.

(141) Ibid., V, 75.

(142) M. Servois, ouvr. cit., t. I, pp. 475-477, établit après Walckenaer, — éditeur des *Œuvres complètes* de La Bruyère en 1845 —, et l'abbé Trublet, — *Mémoires sur la vie et les ouvrages de Fontenelle* —, que le portrait de Cydias est celui de Fontenelle et non celui de Ch. Perrault comme l'ont cru les éditeurs du 18e siècle sur la foi de la clé Cochin (clé manuscrite — Bibliothèque de l'Arsenal).

(143) *Caractères*, II, 10 (5e éd.). Cf. aussi VIII, 44, 5e alinéa (5e éd.).

(144) Ibid. XV, 23 (7e éd.).

Par ailleurs, nous trouvons en abondance dans *Les Caractères* des remarques qui semblent être d'un critique littéraire mais qui prennent toute leur valeur si on les considère comme autant de règles techniques propres à un métier. Relevons, à titre d'exemple, les observations concernant le vocabulaire, c'est-à-dire le matériau : plusieurs pages sont consacrées à une liste de vieux mots dont l'auteur regrette la disparition (145) ; dans le même esprit il s'attaque aux adeptes d'un style nouveau chez qui le souci de la concision tourne à l'absurdité :

"Si certains esprits vifs et décisifs étaient crus, ce serait encore trop que les termes pour exprimer les sentiments" (146).

Ailleurs, — dans une série d'additions de 1690 — (147), il indique comment et pourquoi il apprécie les œuvres marquantes des 16e et 17e siècles : Marot, Ronsard, Amyot, Rabelais, Coëffeteau, Balzac, Voiture, Théophile, Malherbe deviennent autant de modèles, ou de "Patrons", à partir desquels un auteur peut travailler. Si l'on ajoute par exemple à ces analyses de technique littéraire le parallèle entre Corneille et Racine (148) mais aussi la remarque sur Molière et Térence (149), deux préceptes fondamentaux se dégagent : d'une part, le problème technique le plus important est celui de l'imitation (nous verrons plus loin que La Bruyère va jusqu'à reconnaître le droit à l'existence des auteurs "nés copistes") ; d'autre part, l'objectif que l'artisan du style doit se fixer est la perfection. Il s'agit de parvenir à la seule expression du vrai dont la nécessité paraisse, après coup, irrécusable (150). On a souvent relevé cet "esthétisme" de La Bruyère, sans remarquer toutefois qu'il était le fruit d'une rigoureuse technicité et d'une irréprochable "conscience professionnelle". Ainsi s'expliquent pourtant l'attachement de La Bruyère à l'individualisme du travail littéraire (151) et son hostilité aux mauvais exemples donnés par Cydias ou par quelque magistrat de l'époque. Il n'est pas douteux que La Bruyère reste fidèle aux principes généraux de l'esthétique littéraire classique ; mais il leur donne un sens original en les intégrant à une réflexion d'ensemble sur le métier d'écrivain. Par là, il ouvre la voie à ceux qui, un siècle plus tard, achevant la désacralisation des Lettres et des Beaux-Arts, consacreront l'autonomie de ce que nous appelons l'Esthétique.

---

(145) *Caractères,* XIV, 73 (7e éd.).

(146) Ibid. I, 29 (8e éd.).

(147) Ibid. I, 39-45 (5e éd.).

(148) Ibid. I, 54 (1e éd.).

(149) Ibid. 38 (4e éd.). La presque totalité du chapitre I serait à citer ici, et à analyser à partir de ce point de vue nouveau.

(150) Ibid. I, 10 (1e éd.) ; également I, 7 (1e éd.) I, 14 (1e éd.).

(151) Ibid. I, 29 (1e éd.).

b) *Les littérateurs et la Société*

La nécessité d'une formation appropriée, un corps de règles et de procédés : c'en devrait être assez pour que le métier d'écrivain soit reconnu comme tel et pour que celui qui l'exerce trouve sa place dans le corps social. Aussi les remarques abondent-elles, dans les *Caractères,* sur ce chapitre. Du fait de leur virulence elles ont souvent été relevées. Nous ne retiendrons que quelques-unes d'entre elles afin de confirmer notre analyse. La Bruyère se plaint d'abord de la déconsidération dont souffrent tous les travailleurs intellectuels de son époque ; le simple érudit :

"Il y a une sorte de hardiesse à soutenir (supporter) devant certains esprits la honte de l'érudition" (152).

ou l'auteur le plus admirable :

"Le comédien couché dans son carosse jette de la boue au visage de Corneille qui est à pied" (153).

Tous, ou presque, vivent d'ailleurs dans le besoin : tel est le sens du portrait d'Antisthène (154). Cette infériorité n'est pas le résultat du mépris dont les puissants du moment feraient preuve à l'égard des Belles-Lettres. Il leur arrive de les pratiquer :

"Souvent, où le riche parle et parle de doctrine, c'est aux doctes à se taire, à écouter, à applaudir, s'ils veulent du moins ne passer que pour doctes" (155).

Mais ils ne comprennent point que l'on puisse poursuivre un autre but que celui qu'ils poursuivent : la richesse et le simulacre de gloire qu'elle procure. D'une édition à l'autre cet aveuglement stupide des "riches" est dénoncé :

"Celui qui est riche par son savoir-faire (c'est-à-dire à peu près, par son arrivisme) connaît un philosophe (...) et n'imaginant pas dans tous les hommes une autre fin de toutes leurs actions que celle qu'il s'est proposée lui-même toute sa vie, dit en son cœur : "Je le plains, je le tiens échoué, ce rigide censeur ; il s'égare et il est hors de route, ce n'est pas ainsi que l'on prend le vent, et que l'on arrive au délicieux port de la fortune" (156).

Quelle majesté n'observent-ils pas à l'égard de ces hommes chétifs, que leur mérite n'a ni placés, ni enrichis et qui en sont encore à penser et à écrire judicieusement" (157).

Homère, déjà, ne fut-il pas méprisé par "ceux qui le regardaient comme un homme qui n'était pas riche et qui faisait un livre" ? (158). La Bruyère, néanmoins, est prêt à saluer le mérite de ceux des puissants qui font

(152) Ibid. XII, 18 (1e éd.).

(153) Ibid. XII, 17 (1e éd.).

(154) Ibid. XII, 21 (5e éd.), voir plus loin l'analyse de ce portrait.

(155) Ibid. XII, 17 (4e éd.).

(156) Ibid. XII, 67 (4e éd.).

(157) Ibid. VI, 56 (5e éd.).

(158) Ibid. VI, 56 (5e éd.).

exception à la règle. C'est le cas, selon lui, de Richelieu. L'hommage qu'il lui rend au début de son *Discours de Réception à l'Académie Française* représente, certes, un morceau d'éloquence obligé. Mais l'on n'a pas suffisamment souligné que c'est à l'homme de Lettres et au protecteur des hommes de Lettres que les louanges sont adressées. Et l'hommage au Cardinal tourne bientôt à l'éloge de la profession littéraire en général.

Pour que celle-ci soit véritablement reconnue, plusieurs conditions doivent être remplies. Il conviendrait d'abord de prendre en considération l'utilité sociale des travaux intellectuels. La Bruyère revient à plusieurs reprises sur cette question et il l'aborde indirectement à chaque fois qu'il s'attaque aux parasites :

> "Il y a des créatures de bien qu'on appelle des hommes, qui ont une âme qui est esprit, dont toute la vie est occupée et toute l'attention est réunie à scier du marbre ; cela est bien simple, c'est bien peu de chose : il y a en d'autres qui s'en étonnent, mais qui sont entièrement inutiles, et qui passent les jours à ne rien faire ; c'est encore moins que de scier du marbre" (159).

La seconde condition découle directement de la première ; tout travail intellectuel digne d'estime devrait être rémunéré pour lui-même :

> "On paie au tuilier sa tuile, et à l'ouvrier son temps et son ouvrage : paye-t-on à un auteur ce qu'il pense et ce qu'il écrit ? et s'il pense très bien, le paye-t-on très largement ? " (160).

Cette idée d'une rémunération proportionnée montre que La Bruyère pense ici à un salaire. Il s'oppose donc, si l'on tient compte des pratiques de l'époque, au mécénat ou à toutes les "Protections" qui visent plutôt à entretenir une personne qu'à payer un travail ; ce qu'il propose pourrait se substituer avantageusement à un système où ce sont ses revenus annexes — bénéfices, rentes, etc. — qui permettent à l'auteur de survivre. L'idée est tout à fait nouvelle — dans aucun autre texte de l'époque nous ne l'avons trouvée exprimée avec tant de netteté (161) —, et elle est présentée avec une verve parodique remarquable par Antisthène — La Bruyère :

> "Avoir s'il se peut un office lucratif, qui rende la vie aimable, qui fasse prêter à ses amis, et donner à ceux qui peuvent rendre ; écrire alors par jeu, par oisiveté, et comme Tityre siffle ou joue de la flûte, cela ou rien, j'écris à ces conditions, et je cède ainsi à la violence de ceux qui me prennent à la gorge et me disent : "Vous écrivez". Ils liront pour titre de mon nouveau livre : Du Beau, Du Bon, Du Vrai, Des Idées, Du Premier Principe, par Antisthène, vendeur de marée" (162).

Sans doute l'auteur ne nous indique-t-il pas par qui devaient être rémunérés ces travailleurs intellectuels : des décennies s'écouleront avant que

---

(159) *Caractères*, XII, 102 (4ᵉ éd.).

(160) Ibid. XII, 21 : Antisthène (5ᵉ éd.).

(161) Cf. Les hésitations de Boileau, dans l'*Art Poétique*, ch. IV, v. 125-133.

(162) *Caractères*, XII, 21 (5ᵉ éd.).

ne soit posé le problème des droits d'auteurs (163). Les libraires sont d'ailleurs absents des *Caractères* et l'on ignore à peu près tout des rapports de La Bruyère avec le libraire Michallet (164). Mais si dans les années 1690, la situation des travailleurs intellectuels peut faire jaillir une idée prophétique, elle inspire plus communément des cris d'indignation contre une insupportable dépendance à l'égard des riches :

> "Si les pensées, les livres et leurs auteurs dépendaient des riches et de ceux qui ont fait une belle fortune, quelle proscription (punition). Il n'y aurait plus de rappel (de pardon)",

ou des tableaux dans lesquels nous pouvons faire, aujourd'hui, la part de l'exagération :

> Rien ne découvre mieux dans quelle disposition sont les hommes à l'égard des sciences et des Belles-Lettres, et de quelle utilité ils les croient dans la République, que le prix qu'ils y ont mis, et l'idée qu'ils se forment de ceux qui ont pris le parti de les cultiver. Il n'y a point d'art si mécanique ni de si vile condition, où les avantages ne soient plus sûrs, plus prompts et plus solides" (165).

Une troisième condition réalisée consacrerait la reconnaissance du métier d'écrivain : que l'on cesse d'exiger des auteurs ces qualités d'homme du monde qui ne sauraient aucunement constituer leur mérite principal. Il est nécessaire de s'arrêter sur cette question de la sociabilité du travailleur intellectuel selon La Bruyère. Trop souvent en effet les éditions scolaires des *Caractères* (166) rapprochent sommairement les remarques consacrées aux pédants ou aux érudits de certaines scènes comiques de Molière. Or le point de vue n'est pas le même dans les deux œuvres :

> "Appelerai-je homme d'esprit, dit La Bruyère, celui qui, borné et renfermé dans quelque art, OU MEME DANS UNE CERTAINE SCIENCE QU'IL EXERCE DANS UNE GRANDE PERFECTION (167) ne montre hors de là ni jugement, ni mémoire, ni vivacité (..) un musicien par exemple qui APRES M'AVOIR ENCHANTE PAR SES ACCORDS (167) semble d'être remis avec son luth dans un même étui ? " (168).

Tandis que Molière ridiculise un personnage et sa "manie", La Bruyère attaque un individu mais préserve, comme on le voit, la science que pratique

---

(163) Et, un siècle plus tard, la Harpe écrira encore, contre Antisthène : "C'est avec peine qu'on voit un écrivain que son talent rend digne d'écrire pour la gloire, avouer qu'il écrit pour le gain, et se plaindre crûment au public de n'être pas assez payé de ses ouvrages. Il y a (...) trop peu de la fierté d'un honnête homme à dire : Ai-je de l'or ? ... Quand vous avez pris le parti d'écrire, vous deviez savoir que ce n'était pas le chemin de la fortune". *Cours de Littérature*, Seconde Partie. Le siècle de Louis XIV, livre II, chapitre III, section II, Morale – cité par Servois, ouvr. cité., t. I, p. CV.

(164) Une anecdote rapportée pour la première fois par Formey veut que La Bruyère ait fait cadeau à la petite fille de Michallet du produit de la vente des *Caractères*... On sait d'après les registres de compte de la Maison de Condé qu'il touchait 1 500 livres par an comme précepteur.

(165) *Caractères*, XII, 17 (1e éd.).

(166) Cf. Par exemple celle de M. Cayrou – éd. Didier-Privat. 1939.

(167) C'est nous qui soulignons.

(168) *Caractères*, XII, 56 (4e éd.).

cet individu. Et l'on reconnaît la même attitude dans les remarques en apparence les plus opposées à l'érudition, à l'obscur travail intellectuel :

> "Il y a des esprits, si je l'ose dire, inférieurs et subalternes, qui me semblent être faits que pour être le recueil, le registre ou le magasin de toutes les productions des autres génies : ils sont plagiaires, traducteurs, compilateurs (...). Ils ne savent que ce qu'ils ont appris et n'apprennent que ce que tout le monde veut bien ignorer, une science vaine, aride, dénuée d'agrément et d'utilité, qui ne tombe point dans la conversation (169).

Ici, encore, il ne s'agit que de "cas" individuels. Et le traducteur de Théophraste ne condamne ni tous les traducteurs, ni tous les compilateurs (170). Rien ne permet même d'affirmer, d'après ce texte, que la traduction ou la compilation sont en elles-mêmes des occupations intellectuelles subalternes. La fin de cette remarque confirme notre interprétation en l'éclairant :

> "Ce sont eux que les grands et le vulgaire confondent avec les savants, et que les sages remisent au pédantisme".

On forcerait à peine le sens du texte en disant qu'il tourne finalement à la seule confusion des grands et du "vulgaire". Mais l'ensemble de la remarque vise essentiellement ces travailleurs intellectuels qui, soit par infériorité "naturelle", soit par une pratique déshonorante, portent atteinte à la dignité d'une profession que le public, uniformément "subalterne", lui, ne voit que trop volontiers d'une façon défavorable. Il est donc faux de conclure, comme on l'a fait, à une contradiction dans la pensée de La Bruyère lorsque l'on rapproche des textes que nous venons de citer tel éloge du "docte",

> "Personne humble qui est ensevelie dans le cabinet, qui a médité, cherché, consulté, confronté, lu ou écrit pendant toute sa vie" (171).

De la première à la huitième édition des *Caractères,* La Bruyère n'a eu, selon nous, qu'une seule et même attitude qui consiste à défendre systématiquement le travail intellectuel, fût-il besogneux, et au besoin contre ceux des travailleurs intellectuels qui le déshonorent (172).

Ce détour nous permet de comprendre quelle importance il accorde aux qualités de sociabilité du travailleur intellectuel. Elles ne représentent pour lui que l'un des facteurs de l'intégration d'une catégorie particulière dans l'ensemble du corps social (173).

---

(169) Ibid., I, 62.

(170) On peut comprendre de la même façon le portrait de Théocrine, I, 25 (6e éd.), celui d'Hermagoras (V. 74), celui d'Hérille (XII, 64).

(171) Ibid., II, 28 (1e éd.).

(172) La seule "corporation" intellectuelle pour laquelle il montre une hostilité générale est celle, alors nouvelle, des journalistes – voir I, 33.

(173) Le cas de La Fontaine et de Corneille (XII, 56, alinéa 6 et 7), écrivains des plus habiles, mais hommes maladroits en public, ne pose aucun problème moral à La Bruyère. Il n'y voit qu'un cas troublant et s'avoue, sans autre commentaire, à court d'explication.

En l'absence de préjugés anti-intellectualistes, elle n'apparaîtrait sans doute plus comme un problème. La société parisienne étant ce qu'elle est en 1690, La Bruyère se montre prêt à condamner ceux des "savants" qui rompent trop nettement avec les conventions imposées par la bonne société. Mais il condamne aussi nettement ceux des autres chez qui la mondanité l'emporte sur les exigences professionnelles (174). Ces deux attitudes opposées sont explicables par la complexité de la situation et par la morale professionnelle de l'auteur (sans qu'il soit nécessaire de faire appel à cette notion de "juste milieu", aussi fâcheuse à son propos qu'à propos de Molière).

La Bruyère semble admettre implicitement, à partir de sa croyance en l'efficacité sociale du travail intellectuel, que celui-ci, consciencieusement exercé, ne devrait heurter aucune exigence d'une saine morale collective. Certaines observations désabusées ne doivent pas dissimuler ce fonds d'optimisme où nous voyons l'origine de la combativité de l'auteur des *Caractères*.

Quelle place revient donc, ou devrait donc revenir finalement aux travailleurs intellectuels dans la société ? La réponse est multiple puisqu'il existe une hiérarchie à l'intérieur même de cette catégorie. La Bruyère place au sommet :

> "des artisans ou des habiles dont l'esprit est aussi vaste que l'art et la science qu'ils professent : ils lui rendent avec avantage, par le génie et par l'invention, ce qu'ils tiennent d'elle et de ses principes" (175).

Les créateurs désignés ici s'appelleront, un siècle après les *Caractères,* des génies, et l'on admettra que leur supériorité les rend inclassables socialement. La Bruyère le constate déjà, à sa façon :

> "Quand on excelle dans son art et qu'on lui donne toute la perfection dont il est capable, l'on en sort en quelque manière et l'on s'égale à ce qu'il y a de plus noble et de plus relevé (. . .). V** est un peintre, C** un musicien, et l'auteur de Pyrame est un poète, mais Mignard est Mignard, Lulli est Lulli, et Corneille est Corneille" (176).

La gloire attachée au seul nom remplace ici la nécessité d'une appartenance sociale. Elle autorise l'assimilation de certains travailleurs intellectuels aux héros de l'histoire ou aux plus grands politiques. La question était précisément débattue à l'époque ; nous avons vu la position prise par Racine à ce sujet (177). La Bruyère rejoint l'historiographe du Grand Roi :

> "La vie des héros a enrichi l'histoire et l'histoire a embelli les actions des héros : ainsi je ne sais qui est plus redevable, ou ceux qui ont écrit l'histoire à ceux qui leur en ont fourni une si noble matière, ou ces grands hommes à leurs historiens" (178).

---

(174) Voir l'opposition du "docte" et du "docteur" : II, 28 (1e éd.).

(175) *Caractères,* I, 61 (4e éd.).

(176) *Ibid.,* II, 24 (1e éd.). M. G. Michaud fausse inutilement le sens de la remarque en se risquant à la compléter : "il n'a pas osé l'ajouter, mais nous pouvons hardiment l'ajouter, pour compléter sa pensée : et La Bruyère est La Bruyère". (Ouvr. cit., p. 144).

(177) Cf. ci-dessus, II, B.

(178) *Caractères,* I, 12 (1e éd.).

5

Mais il ne s'agit là que de ceux qui "sortent", en quelque manière, de leur "art". Leur cas est surtout à retenir pour montrer l'éminente dignité à laquelle peut atteindre le travail des auteurs. La hiérarchie de la grande majorité des ouvriers de l'esprit descend ensuite des "esprits modérés qui excellent dans le médiocre c'est-à-dire le moyen", jusqu'aux savants obscurs, aux traducteurs ou aux "auteurs nés copistes". Or La Bruyère semble proposer le regroupement de cette majorité en une seule catégorie, qui occuperait une situation moyenne dans le cadre général de la société. C'est le sens que nous donnons à la fin du portrait de Clitiphon :

"L'homme de Lettres (au contraire) est trivial comme une borne au coin des places (...). Il ne peut être important et il ne veut point être" (179).

Il n'est pas interdit de penser que la modestie des prétentions sociales est destinée ici à faire admettre plus aisément le bien-fondé des revendications professionnelles.

c) Conclusion

Dans un article ancien M. Bretonneau-Clary examinait "la profession de l'homme de lettres au XVIIe siècle d'après La Bruyère" (180). Il citait toute une série de faits et de textes constituant ensemble un tableau désolant de la situation de l'homme de lettres pendant le Grand Siècle (181), mais voyait en La Bruyère l'auteur qui avait le mieux contribué à l'amélioration du sort de ses pairs. Nous ne croyons guère à cette influence en retour de l'œuvre de La Bruyère sur la réalité sociale. Au moment de la publication des *Caractères* (de 1688 à 1696) les journaux et le public se sont intéressés à d'autres aspects du livre, à sa qualité formelle, aux "clés" (182). Mais il est légitime de s'étonner devant tant de réflexions hardies chez un auteur dont l'œuvre et la carrière sont restées, somme toute, modestes. La Bruyère semble avoir été particulièrement sensible à l'image que se faisait le public du praticien des Lettres. Ses remarques touchent très précisément les points importants, ceux

---

(179) Ibid., VI, 12 (8e éd.).

(180) *Revue Libérale*, 1883, II, pp. 120-28.

(181) Ces témoignages ont été utilisés aussi par M. Couton : *La Vieillesse de Corneille*, Paris, 1949 ; M. A. Brulé : *Les gens de Lettres au 18e siècle*, Paris, 1929 ; G. Mongrédien : *La Vie Littéraire au 17e siècle*, Paris, 1947 etc.

(182) Voir éd. Servois, ouvr. cité, t. III, p. 192 et suiv. A l'époque de la parution des *Caractères*, l'ennemi le plus virulent de La Bruyère (en dehors du *Mercule Galant*) a été ce Vigneul-Marville dont le nom est cité dans la plupart des éditions. Il est en effet l'auteur d'une description de La Bruyère "dans son domestique" qui atteste que le portrait de Clitiphon est bien celui de l'auteur. Vigneul-Marville a inséré son compte rendu dans les *Mélanges d'Histoire et de Littérature* (recueillis par Vigneul-Marville, 2e édition à Rotterdam chez Elie Yvans, 1703 – 3 vol.). Il y reprend (t. I, pp. 317-342), point par point, le compte rendu élogieux de Ménage (dans les *Menagiana*) pour le contredire. A ses yeux, La Bruyère n'est qu'un arriviste et une manière d'imposteur qui n'a réussi que par brigue. L'une des preuves tiendrait dans le portrait contradictoire que La Bruyère essaie de donner de lui comme homme de Lettres : d'un côté Antisthène, de l'autre cet homme qui finit par réussir et que l'on accepte alors, hypocritement, de reconnaître comme homme de mérite. Mais il nous paraît difficile de croire que dans cette dernière image La Bruyère évoque les revers secrets de sa propre réussite. Au demeurant, deux textes ne peuvent suffirent à semblable démonstration. Vigneul-Marville eût-il d'ailleurs raison dans les faits – (son hostilité, contrairement à ce que dit Servois, ne nous a pas paru malveillante) – le texte des *Caractères* demeure et lui seul, ici, nous intéresse.

qui seront l'objet des débats les plus intéressants au cours du XVIIIe siècle : recherche d'une véritable autonomie professionnelle et d'une reconnaissance du travailleur intellectuel en tant que tel. Le caractère lapidaire et la dispersion de ses remarques n'empêchent pas qu'il apparaisse, du point de vue qui nous intéresse, comme un "phare". Récusant les griefs traditionnels, reliant toutes les exigences professionnelles de la pratique littéraire à un ensemble de valeurs morales, il donne le premier exemple d'un travailleur intellectuel qui ne chercherait qu'en lui-même ses justifications et les fondements de son insertion sociale.

IV

1654-1769 : L'UNIQUE TRAITE CONSACRE A L'HOMME DE LETTRES

Le seul ouvrage systématique paru en France au 17e siècle et consacré à l'homme de lettres est la traduction d'un livre du Rév. P. Daniello Bartoli : *Dell'Huomo di lettere* publié en 1645 (183). Il se trouve qu'une seconde traduction sera effectuée un siècle plus tard, en 1769 (184) sans que le second traducteur ait eu connaissance, semble-t-il, du travail de son prédécesseur ; et, dans l'intervalle, il ne paraît qu'un nouvel ouvrage explicitement consacré à l'homme de lettres. C'est en 1764, celui de J.J. Garnier (185). Ainsi l'image de l'homme de lettres que le P. Bartoli propose au milieu du 17e siècle semble mériter encore d'être proposée aux lecteurs du milieu du 18e siècle. Ce fait est pour nous du plus haut intérêt et justifie l'étude historique et littéraire de l'ouvrage italien.

Dell'huomo di lettere : Editions et traductions

Les éditions italiennes

Daniello Bartoli, né à Ferrare en 1608, devient jésuite en 1623. Pendant quatre ans il enseigne la Rhétorique puis se consacre pendant une douzaine d'années à la prédication. Devenu l'historien de la Compagnie, il semble consacrer le reste de sa vie à la composition de multiples ouvrages (religieux, littéraires, scientifiques). Il meurt en 1685, à la maison professe de Rome. S'il est connu comme l'un des membres éminents de sa compagnie, il n'est pas moins célèbre comme écrivain : "une des meilleures plumes de toute

---

(183) *Dell'Huomo di lettere difeso et emendato parti due,* del P. Daniello Bartoli, Firenze, Nella Stampa di S.A.S. alla Condotta, 1645.

(184) *L'Homme de lettres,* par le P. Daniel Bartoli, ouvrage traduit de l'italien (...) par le P. Delivoy (...) Paris Hérissant le fils, 1769, 3 vol. in-12.

(185) *L'Homme de lettres* (...) A Paris, chez Panckoucke, 1764.

l'Italie", affirme l'un de ses traducteurs français ; l'appréciation est à peu près semblable dans le *Dictionnaire* de Moreri : "un des meilleurs écrivains et qui a le mieux su sa langue" (186).

Dell'huomo di lettere connut au 17e siècle un grand succès en Italie si l'on en juge par le nombre de ses éditions. Dès l'année de sa publication, en 1645 à Rome (187), il est plusieurs fois réédité. Huit fois, selon le P. de Backer, que n'ose pas confirmer toutefois le P. Sommervogel.

"Il y aurait eu huit réimpressions, cette année (1645), dans différentes villes, dit le P. de Backer. Est-ce bien exact ? " (188).

C'est vraisemblablement l'une de ces réimpressions de 1645 (celle de Florence) que possède la Bibliothèque Nationale. L'hypothèse du P. de Backer pourrait être confirmée par la préface de la traduction française de 1654. On y lit en effet :

"Ce livre, Monseigneur, a esté si bien venu en Italie que l'on l'a imprimé dix ou douze fois : je n'asseureray que de la neuvième impression que j'ay veüe et leüe moy-même" (189).

Or, entre 1646 et 1654 (date de la traduction) paraissent trois nouvelles éditions ; des "dix ou douze" signalées par le traducteur, sept ou neuf dataient donc probablement de 1645.

Même si nous ne parvenons pas à un résultat très précis, l'ouvrage du P. Sommervogel et le Catalogue Général de la Bibliothèque Nationale nous permettent de considérer qu'une vingtaine d'éditions sont publiées en Italie de 1645 à 1689 : Venise : 1645, 1648, 1651, 1655, 1658, 1663, 1670, 1672, 1674, 1678, 1689 ; Florence : 1645 ; Bologne : 1650, 1655, 1685 ; Milan : 1666 ; Rome : 1645, 1650. En revanche, une seule édition (signalée par Sommervogel) semble avoir été publiée au XVIIIe siècle, en 1715. L'ouvrage ne fait sa réapparition qu'au XIXe siècle : le C.G.B.N. signale l'édition de Brescia en 1833 ; Sommervogel en indique quatre autres. Il apparaît donc que l'ouvrage eut une grande renommée pendant toute la deuxième moitié du XVIIe siècle avant de disparaître au XVIIIe siècle pour connaître un regain de célébrité durant la première moitié du XIXe siècle.

---

(186) Eléments biographiques rassemblés d'après : Moreri, *Grand Dictionnaire* (...) édition de 1754 en 10 vol., article "Bartoli", t. II, p. 148 ; *Biographie Universelle* (...) Michaud, article "Bartoli", T. III, p. 458.

(187) *Dell Huomo di lettere difeso et emendato parti due,* del P. Daniello Bartoli. In Roma, per gli Heredi di Francesco Corbeletti, 1645, in 8°.

(188) *Bibliothèque de la Compagnie de Jésus.* Nouvelle édition par Carlos Sommervogel, S.J., Bruxelles, Paris 1890 − article "Bartoli", t. I, 965-985.

(189) *La Guide des Beaux-Esprits,* composée en italien par le R. Père Daniel Bartoli de la Compagnie de Jésus. Et traduit en français par un Père de la même Compagnie. Au Pont-à-Mousson. Pour Gaspard-Bernard-Marchand Libraire et Imprimeur. 1654. Dédicace (non paginée).

Les traductions hors de France

L'ouvrage du P. Bartoli a été très rapidement répandu par les soins de la Compagnie. Dès 1660 une traduction anglaise du P. Salisbury paraît à Londres sous le titre : *The learned man defended.* Une traduction allemande est publiée à Nuremberg en 1677 ; une autre, en latin, à Francfort en 1693. La version espagnole paraît en 1678 à Madrid ; une seconde paraîtra à Barcelone en 1744, une troisième à Madrid en 1786 : c'est donc en Espagne que l'ouvrage a été le plus souvent publié au XVIIIe siècle. Sommervogel signale l'existence d'une traduction portugaise mais il ne donne ni la date, ni le lieu de parution, ni le nom du traducteur.

Ces indications montrent déjà que l'ouvrage a eu le sort que la Compagnie réservait aux ouvrages qui lui paraissaient importants. Même si le nombre de traductions est limité, il reste que beaucoup de lettrés ont pu lire le texte en italien (le Répertoire de S.P. Michel indique que quinze éditions italiennes se trouvent actuellement dans les Bibliothèques françaises) (190).

Les traductions et témoignages publiés en France

Nous examinerons le destin en France de l'ouvrage du Père Bartoli en retraçant les étapes de notre quête, restée vaine, de ce qui fut sans doute le premier livre publié dans notre pays sous le titre "L'Homme de Lettres".

A. Cioranescu en donne le signalement suivant, dans la liste des œuvres du Père Thomas Le Blanc :

"L'Homme de Lettres, traduit en François par le P.T.L.B., Pont-à-Mousson, 1651, 8°" (191).

Cet ouvrage n'est pas mentionné au nom de Thomas Le Blanc, dans le catalogue Général de la Bibliothèque Nationale, qui donne en revanche le signalement de *La Guide des Beaux-Esprits,* traduite de l'italien du Père Bartoli. Dans la liste des œuvres de ce dernier, le même catalogue indique successivement :

— "Dell'Huomo di lettere (. . .) (Cf. signalement complet, supra., note).

— *Character Hominis literati,* olim a P. Daniele Bartoli (. . .) italice editus, nunc a P. Ludovico Janino (. . .) latine reditus. Lugduni (. . .) 1672, In 12, 444 p.

— *La Guide des Beaux-Esprits* (. . .) 1654, etc.".

Ainsi *La Guide* est la première traduction française que possède la Bibliothèque Nationale. Mais le Père Le Blanc ne dit rien, dans sa Dédicace de 1654, d'une autre traduction qu'il aurait publiée antérieurement et sous un titre différent. Quant au Père Louis Janin, on pourrait croire, à lire sa

---

(190) S.P. Michel, P.H. Michel : *Répertoire des ouvrages imprimés en langue italienne au XVIIe siècle conservés dans les Bibliothèques de France.* Editions du Centre National de la Recherche Scientifique. Paris 1967, T. I, art Bartoli D.

(191) *Bibliographie . . . XVIIe siècle,* n° 41 076.

Dédicace à Laurent Anisson ou sa "Praefatio ad lectorem" qu'il est, en 1672, le premier en France à traduire *Dell'Huomo di lettere*. Ces trois Pères (Bartoli, Le Blanc, Janin) appartenant à la Compagnie de Jésus, l'on pouvait espérer trouver des précisions sur ce problème dans les répertoires publiés sous la direction du Père Sommervogel. Or, le premier en date porte seulement, après description de l'ouvrage italien, la mention : "Traduit en français par le P. Th. Le Blanc" (192). Le second, qui recense les ouvrages anonymes et pseudonymes, indique exclusivement : "Guide (le) des Beaux Esprits..." et attribue cette traduction au Père Le Blanc (193). Le troisième enfin fournit les deux références.

– *"L'Homme de Lettres* (...) Th. Le Blanc, Pont à Mousson 1651 – Cologne 1674, 8°

– *Le Guide des Beaux-Esprits* (...) traduit par un prêtre de la même Compagnie, Ibid. 1654, 8°" (194).

Mais le Père Sommervogel ajoute,: "Est-ce bien le même ouvrage ? " On aura remarqué que les deux derniers signalements ne comportent point d'indications de pages : c'est ordinairement la preuve que l'auteur n'a pas vu les ouvrages dont il donne la description.

Nous nous sommes demandé si les "Bibliographes" du temps en faisaient mention. *La Bibliographica Gallica* du Père Jacob recense, si l'on en croit son titre tous les ouvrages publiés dans le royaume pour les années 1643-1646 et 1651-1653 : *L'Homme de Lettres* (paru en 1651 ?) n'y figure pas. Il ne se trouve pas non plus dans la *Bibliographia* que fait paraître le Père Labbe en 1662 (195). Il figure en revanche dans la *Bibliotheca Scriptorum Societatis Jesu* qui paraît à Rome en 1676 (196), avec un titre latin : *Hominem Literatum* – Mussiponti 1651, in 8°. Mais aucune mention n'est faite de *La Guide*. Les deux ouvrages enfin sont absents de la *Bibliothèque Française* de Charles Sorel publiée en 1664. Il est fort étonnant de ne retrouver qu'une seule trace de cet ouvrage dans tous les documents du XVIIe siècle.

C'est en 1754 seulement que nous retrouvons *Dell'Huomo di lettere,* auquel un long article est consacré dans le *Journal Etranger* (197). L'auteur donne le titre italien et le lieu de publication (Venise), mais point de date. Or, à notre connaissance, la dernière édition parue à Venise datait de 1689.

---

(192) *Bibliothèque des Ecrivains de La Compagnie de Jésus,* par A. de Backer, d'Alois de Backer et Ch. Sommervogel. Paris-Liège 1876, I, 430-436.

(193) *Dictionnaire des ouvrages anonymes et pseudonymes publiés par des religieux de la Compagnie de Jésus,* Paris 1884, p. 383.

(194) *Bibliothèque de la Compagnie de Jésus,* nouvelle édition par Carlos Sommervogel, S.J. Bruxelles – Paris 1890, I, 1533.

(195) *Anni 1661 Bibliographia* RR.P.P. Societatis Jesu in regnio Franciae ... Parisis, 1662.

(196) Editée par Sotwell ; elle est le prolongement de l'ouvrage que le Père Ribadeneyra avait fait paraître en 1608 sous un titre légèrement différent.

(197) *Journal Etranger* – Avril-May 1754, pp. 3, 6, 35.

En outre, au mépris des promesses faites dans le Prospectus de ce premier tome du périodique, on oublie de nous parler du "cours que le livre (a) eu" et des "traductions qui en (ont) été faites". Mais peut-être le journaliste supposait-il que l'ouvrage n'avait jamais été traduit ? (198).

On est plus étonné d'avoir le même sentiment avec le Père Delivoy qui publie pourtant la seconde (?) traduction de l'ouvrage du Père Bartoli en 1769 :

> "L'Homme de Lettres, par le P. Daniel Bartoli, ouvrage traduit de l'italien, augmenté de notes historiques et critiques, par le P. Delivoy ... Paris, Hérissant le fils 1769. 3 vol. in 12" (réédité à Berne en 1779).

L'avertissement placé en tête de cette édition nous apprend seulement que le traducteur connaissait l'article du *Journal Etranger*. Il y explique encore l'origine de sa publication :

> "J'ai entrepris cette traduction sur les conseils d'un Homme de Lettres très savant et versé de littérature italienne (Note : M. de Floncel, Avocat au Parlement, Censeur Royal), et ayant une très riche bibliothèque avec beaucoup de livres rares et curieux qu'il communique volontiers".

Nous avons retrouvé la trace de l'un de ces livres "rares et curieux" en consultant le Catalogue de la Bibliothèque de M. De Floncel (199). Il s'agit de l'édition de *Dell'Huomo di lettere* parue à Venise en 1646. La médiocre qualité de la traduction du Père Delivoy montre à l'évidence qu'il ne connaissait point celle de Thomas Le Blanc. Elle bénéficiera pourtant d'un très favorable compte rendu dans l'*Année Littéraire* (200) ; et il est clair qu'on la considère, là encore, comme la première version française.

Par conséquent, rien ne permet d'affirmer que le Père Thomas Le Blanc ait composé et publié *l'Homme de Lettres*.

Il apparaît en outre que sa *Guide des Beaux-Esprits*, que la Compagnie a dû s'efforcer de diffuser abondamment, était totalement oubliée au milieu du XVIIIe siècle. Et si M. De Floncel est à l'origine de la seconde traduction de l'ouvrage du Père Bartoli, on peut supposer aussi que le Père Delivoy a voulu profiter de l'intérêt qu'avait suscité *l'Homme de Lettres* de M. Garnier, publié en 1764 (201).

---

(198) L'article de N. Jonard : "le *Journal Etranger* comme intermédiaire en France de La Littérature italienne", *Revue de littérature comparée*, oct-déc. 1965, pp. 574-588, n'apporte aucun éclaircissement à ce sujet.

(199) *Catalogo della Libreria Floncel* (...) Disposito per Giovanni Gabriello Cressonnier Librayo, Parigino – Parigi, 1774 – 2 vol. in 8°. L'ouvrage est recensé au T. II, p. 178.

(200) *L'Année littéraire*, Année 1769, t. VIII, pp. 73.92.

(201) La plupart des Bibliographies contemporaines (*Dictionnaire des lettres Françaises ; Bibliographie Italico-Française* de Joseph Blanc, Paris 1886, 2 vol.) ne mentionnent que *La Guide* et la traduction du Père Delivoy.
La Bibliothèque des Ecrivains de la Compagnie de Jésus de 1876 signalait une traduction supplémentaire par L. Gonzague de Castiglione, publiée à Genève en 1777. Il s'agit en réalité de *L'Homme de Lettres, bon citoyen, Discours Philosophique et Politique* par Gonzague de Castiglione, qui n'a rien à voir avec *Dell'Huomo di lettere*. Il a pu y avoir confusion entre ce Castiglione et Castilhon. Ce dernier a en effet traduit un ouvrage italien du Père Denina que le Père Delivoy avait traduit avant lui (*Tableau des Révolutions de la Littérature ancienne et moderne* Paris 1763). La similitude des patronymes, le rapprochement des deux titres, et des deux traductions sont peut-être à l'origine de cette erreur.

La guide des Beaux Esprits (1651 ? — 1654)

Les titres des différentes traductions de l'ouvrage du P. Bartoli sont une première indication sur son contenu. Ils peuvent également faire comprendre les intentions des traducteurs. Celles, par exemple, du premier traducteur français, le Père Thomas Le Blanc. Nous ignorons encore s'il a effectivement donné une première traduction sous le titre *L'Homme de Lettres*. Mais, à la Dédicace de sa traduction de 1654, il ajoute un intéressant avis "Au lecteur" :

> "L'auteur Italien a intitulé son livre l'Homme docte ; mais nos Français aiyans mieux aimé l'appeller (sic), La Guide des Beaux Esprits, et voiant que tout ce qui est traité convient fort bien à ce titre là, je me suis laissé persuadé de le prendre".

Il semble bien, que vers 1650, le terme italien "Uomo di Lettere" corresponde, littéralement, aux mots "docte" ou "sçavant". Le Père Salisbury publie en 1660 sa traduction sous le titre "The Learned Man defended". A vingt années de distance, les deux traductions en latin utilisant un même vocable : "Character hominis Litterati" (Le P. Janin, Lyon 1672), "Homo literatus defensus et emendatus..." (J. G. Hoffmann, Francfort 1693). Le titre original que retient le P. Le Blanc représente certainement une adaptation aux valeurs mondaines de l'époque et le souci de faire comprendre que l'ouvrage n'a rien d'un manuel du pédant. En tout cas, ces variations montrent que la valeur de l'expression "homme de lettres" est encore bien imprécise : elle ne désigne peut-être pas seulement des qualités ou des aptitudes intellectuelles, mais elle ne désigne sûrement pas encore une qualification ou un statut professionnels. Cent ans plus tard, en revanche, le P. Delivoy pourra, sans hésitations, traduire littéralement le titre italien. En 1769, "L'Homme de Lettres" désigne bien une catégorie socio-professionnelle. Mais on peut alors trouver que cette résonance moderne du terme ne convient plus exactement au contenu de l'ouvrage. Quelle que soit la version considérée, on sent en effet que le P. Bartoli parle tantôt d'hommes qui consacrent leur vie entière au travail intellectuel, tantôt de gens bien nés qui ont seulement le goût des lettres. Il s'identifie par exemple aux seconds dans un passage du chapitre consacré à la Paresse :

> "Nous estimons faire un grand excès, si nous retirons deux ou trois heures chaque jour à notre sommeil, aux affaires et à nos divertissements pour les donner à l'étude des bonnes lettres" (202).

Le Père Le Blanc, s'adressant à tous les Beaux Esprits (à une époque où ce terme est généralement laudatif), fait donc preuve d'une judicieuse fidélité à l'ouvrage italien manifestement destiné aux nobles éclairés autant qu'aux vrais "lettrés".

Si la destination sociale de l'ouvrage reste assez floue, il est clair qu'il a été composé dans la perspective de ce que l'on appelait alors la "Morale". Le terme de "Guide" retenu par le Père Le Blanc ne doit pas faire illusion : il

---

(202) *La Guide*, pp. 435-436.

n'annonce pas un didactisme exclusivement technique. Le Père Le Blanc, d'ailleurs, est lui-même un "moraliste", comme en témoignent les titres de beaucoup de ses œuvres (*Le Bon valet, la Bonne servante* 1660 ; *Le Bon riche, Le Bon pauvre* 1662 ; *Le Bon écolier* 1664 ; *Le Saint travail des mains* 1661 ; *Le Miroir des Vierges* 1661, etc.). Nous avons consulté le texte italien dans le tome des Œuvres du Père Bartoli consacré aux ouvrages "moraux" (203). Mais la preuve la plus nette de ce fait est bien le libellé même des chapitres qui composent le livre. Il n'y a sur ce point, aucune variation importante d'une version à l'autre. Nous retiendrons les termes de la version de 1654. La Première Partie, consacrée à la défense des Lettrés, est composée de deux chapitres : I) La Sagesse Heureuse, même au milieu des misères, 2) L'ignorance misérable même au milieu de la félicité. La Seconde Partie, critique des Lettrés, est subdivisée ainsi : 1) Larrecin (c'est-à-dire le plagiat), 2) Impureté ("Obscénité" traduit le Père Delivoy), 3) Médisance, 4) Arrogance, 5) Paresse, 6) Imprudence (c'est à dire les fausses vocations), 7) Ambition, 8) Avarice, 9) Obscurité. Ainsi de toute cette armature du texte, seuls les termes "ignorance" et "obscurité" évoquent directement et d'une façon pratique, les productions intellectuelles (204).

A côté du flou social et de l'intention "morale", nous relevons aussi la résonance religieuse de cet ouvrage composé et traduit par des auteurs qui sont aussi des réguliers. A la dernière page des éditions italiennes et de la traduction de 1654 nous retrouvons une même formule : "Laus Deo Virginique Matri". En outre, à plusieurs reprises dans le corps de l'ouvrage, les problèmes des lettrés sont examinés à la lumière des valeurs religieuses. On pourrait, dès lors, supposer que cet unique ouvrage consacré aux hommes de lettres n'a rien d'une étude spécifique et qu'il nous ramène à l'absence d'autonomie constatée dans l'image que les travailleurs intellectuels offraient d'eux-même au public. Mais l'étude précise du corps même de l'ouvrage dément l'impression laissée par cette approche générale.

Si nous reprenons d'abord les passages où les problèmes intellectuels sont envisagés sous l'angle religieux, nous constatons que les littérateurs voient leur mission justifiée ; leur fonction humaine se trouve parfaitement fondée d'un point de vue métaphysique. C'est surtout dans une section du deuxième chapitre de la Première Partie que la question est traitée ("Ignorance et Sainteté", pp. 127-144). D'une façon curieuse, le Père Bartoli feint d'abord de reprendre à son compte une série d'arguments classiques (dans la tradition chrétienne) en faveur de l'ignorance : Dieu ne demande aux Hommes que l'hommage du cœur, non celui de l'esprit ; il n'a transmis à Moïse que le minimum de connaissances nécessaires aux fondements de la foi ; le Christ n'a pas "vescu au milieu des Académies et des Lycées" ; pour

---

(203) *Delle Opere del P. Daniello Bartoli.* Della Compagnia di Giesu-Le Morali. Con un indice copioso – in folio – Roma – 1684.

(204) Dans les Catalogues des Fonds Anciens (B.N. Paris, Arsenal, Bibliothèque Méjanes d'Aix-en-Provence), *La Guide* est recensée sous plusieurs rubriques, mais en particulier dans les sections ' Théologie morale".

tout savoir enfin, il suffit de savoir aimer Dieu. L'auteur, se servant de Saint Grégoire de Naziance contre Saint Ambroise, révèle alors qu'elle est sa position à lui :

"Jusques icy [. . .] j'ay dict non pas ce qui est entièrement vray mais ce que quelques-uns chantent comme vray : [. . .] lesquels pour couvrir leur ignorance [. . .] et lui donner un beau visage, condamnent les sciences en autruy, qu'ils ne peuvent ou ne veulent pas avoir eux-mesmes, disant qu'ils se contentent d'avoir des pescheurs pour leurs maîtres" (205).

Il retourne les uns après les autres les arguments traditionnels : le don des Sciences est l'une des plus grandes faveurs que Dieu ait faites aux hommes qu'il rendit ainsi plus semblables à lui ; le Christ s'est voulu pauvre mais non point ignorant ; la connaissance de la Création est, elle aussi, une façon d'aimer Dieu. Sans doute le Père Jésuite Bartoli établit-il une hiérarchie qui marque la prééminence du Saint sur le Savant ; mais il vaut mieux à ses yeux concilier la raison et la foi, plutôt que de se servir de l'un contre l'autre :

"Personne ne doit et ne peut nier que la saincteté mesme sans la doctrine, ne soit considérable et prétieuse. Personne de plus ne révoque en doute qu'il ne soit meilleur d'estre Sainct, que scavant. Mais je ne scay pas comment il peut venir en la pensée d'aucune personne, qu'il ne soit meilleur d'estre sainct et scavant, que d'avoir la saincteté toute seule" (206).

La Deuxième Partie de l'ouvrage s'ouvre sur un véritable hymne au savoir digne de certains grands textes humanistes ou philosophiques :

"Les Lettres, vraies lumières de l'entendement, ont invariablement la même propriété que celle qui, émanée du Soleil, ne peut se porter nulle part que par des rayons droits ; de manière que nulle part elle ne se fait jour que par des lignes absolument droites. Il en est de même des Lettres, qui émanées du sein du Père des Lumières, dont elles sont un don précieux, sont par elles-mêmes incapables, en communiquant la lumière des connaissances qu'elles renferment, de s'écarter de la voie droite de la vérité et de la raison" (207).

Si la place des exercices intellectuels est définie dans le cadre d'une conception religieuse de l'univers, on voit qu'une fois admis cet arrière-plan, les activités temporelles des lettres pourront être examinées pour elles-mêmes. A la limite, l'idéal religieux et l'idéal intellectuel se rejoignent lorsque se trouvent unis "comme en l'Arche, la Loy et la manne, et comme au Paradis, l'arbre de vie avec celui de la Science" (208).

S'il y a, en second lieu, une certaine imprécision sociale dans l'appellation "Uomo di Lettere" (ou "Beaux-Esprits"), le Père Bartoli a consacré une étude particulière à ceux pour qui les activités intellectuelles ne seront jamais qu'une occupation secondaire : les grands et les Soldats (209). Il montre, au

---

(205) *La Guide*, p. 134.

(206) Ibid. p. 135.

(207) Trad. du Père Delivoy, t. II, p. 2 ; cette traduction est souvent inélégante mais, pour ce passage, elle est moins confuse que celle du Père Le Blanc.

(208) *La Guide*, p. 136.

(209) Ibid. pp. 144-178 : L'Ignorance et les Dignités ; L'Ignorance et les Armes.

moyen d'arguments classiques, que la science est nécessaire au Prince et aux Grands. Au devoir de formation personnelle s'ajoute un devoir social qui consiste à s'entourer de lettrés :

> "La Cour du Roy est un ciel : le Roy, qui a la lumière de la Science, et la chaleur du pouvoir est un Soleil au milieu d'autant d'estoiles qu'il a d'hommes doctes, des discours desquels il reçoit de la lumière, et à qui il en rend par un mutuel éclaircissement" (210).

La nécessité du savoir chez les Militaires nécessite, vu les préjugés régnants, une démonstration plus abondante. Les connaissances techniques indispensables sont rappelées. Le Père Bartoli remarque aussi que le militaire, qui n'est pas toujours en guerrre, doit savoir se conduire en honnête homme ; et le délassement de l'esprit par les Belles-Lettres sera le plus apte à "réduire à l'humanité cette fierté fascheuse et odieuse qui a coutume de s'attacher au cruel métier des armes" (211). Mais l'auteur va plus loin.

Abordant un thème que nous avons déjà rencontré, il affirme que les Armes et les Lettres ont une égale dignité, et reconnaît un égal mérite à "celuy qui facit scribenda" et à "celuy qui scribit facienda". Le mérite est évidemment double chez celui qui réalise de grands exploits et qui en est aussi l'historien. Le cas limite du grand capitaine — auteur marque même le triomphe suprême des Lettres sur les Armes :

> "Jule César est plus obligé à sa plume qu'à son éspée : parce que, celle-cy a tué ses ennemis, et celle-la le faict encore vivre aujourd'huy en la mémoire des hommes" (212).

L'examen de ces deux cas, effectué à part, réduit sensiblement l'ambiguïté de l'objet du livre : l'Huomo di Lettere est bien celui qui consacre l'essentiel de sa vie quotidienne aux exercices intellectuels, même si ces derniers ne suffisent pas toujours pour le définir et le situer socialement.

Le libellé des titres de chapitre, le titre choisi pour la traduction de 1654 sont la marque d'un ouvrage de "morale".

Cette orientation générale laisse pourtant la place à une étude de la situation de l'homme de lettres effectuée non pas à la lumière de principes transcendentaux mais à partir de données précises et spécifiques. Etude qui se veut même exhaustive puisqu'elle se développe sur trois plans que nous pourrions appeler le plan sociologique, le plan professionnel et le plan anthropologique. La Première Partie de notre ouvrage est essentiellement consacrée à la déconsidération sociale dont sont victimes les littérateurs. L'éminente dignité de leurs occupations devrait leur permettre d'être à couvert de tout besoin ; les soucis matériels devraient leur être épargnés. Or il n'en va pas ainsi. On se moque de leur pauvreté au lieu de la secourir.

---

(210) Ibid. p. 157.
(211) Ibid. p. 175.
(212) Ibid. p. 167.

"Plusieurs riches chantent (...) en se raillant des hommes scavans, nommément s'ils les voient pauvres, mal menés de la faim, mal vestus et presque nuds" (213).

Ou bien, fait aussi grave, on ne sait pas, on ne veut pas la voir :

"Quoy que quelquefois les livres composés par les hommes consommés dans les sciences trouvent auprès d'eux ("Les Princes et les riches") et la louange et de l'applaudissement : néanmoins ces caresses et ces honneurs, qui se font aux livres ne se réfléchissent point sur leur autheurs" (214).

Aux yeux du Père Bartoli, les Grands, les riches, sont entièrement responsables du trop petit nombre d'hommes savants. Ils retardent par là l'avancement des sciences et des Arts et laissent enfouis des trésors qui pourraient profiter à tous les hommes.

Ils contribuent à perpétuer un malthusianisme qui est un crime devant les hommes et devant Dieu :

"O combien trouvez-vous de jeunes enfants et d'hommes faits qui à guise de froides et mortes vapeurs ne se haussent par deux doigts de terre : lesquels reluiroient comme des estoilles de première grandeur dans les Provinces et Royaumes, s'ils avoient trouvé quelque soleil bienfaisant qui eschauffast et soulevast leurs fatigues et leurs efforts" (215).

Les littérateurs, quant à eux, doivent absolument se garder de toute recherche du profit (216). L'auteur considère qu'il existe un lien direct entre leur désintéressement et la valeur de leurs productions intellectuelles. Il est indispensable qu'ils se tiennent en deça ou au-delà de toute préoccupation matérielle. Ainsi le Père Bartoli souhaite-t-il l'organisation systématique du mécénat. Les plus riches personnages de la société doivent prendre en charge tous ceux qui se vouent aux travaux intellectuels. Ces derniers, loin de se sentir humiliés par cette assistance, doivent parvenir à une sorte d'état d'innocence matérielle : la renonciation à l'autonomie sociale préservera l'authenticité de leur mission spécifique. Les uns et les autres sortiront grandis d'un arrangement qui n'atteint en rien leurs dignités respectives :

"(Certains) ont des richesses, avec lesquelles ils peuvent acheter des esprits, en toutes les professions des sciences les plus excellentes : qui sont la marchandise seule digne d'un grand génie et d'un grand prince". (217)

La Guide des Beaux Esprits fournit par ailleurs tout un ensemble de préceptes et de conseils techniques. Si le plagiat est condamné comme un

---

(213) Ibid. p. 83.

(214) Ibid. pp. 7-8.

(215) Ibid. p. 13.

(216) Notons que le Père Bartoli regrette, dans la Première Partie de son ouvrage, l'Age d'or où Sagesse et Pauvreté allaient de pair. Il a d'ailleurs composé sous le titre : *La Poverta Contenta* (1650) un ouvrage moral également traduit par le Père Le Blanc : *La Pauvreté Contente,* Pont-à-Mousson, 1655.

(217) Ibid. p. II. Cet arrangement doit être également bien compris des deux parties : "Celuy qui se sert des sciences pour le gain et se sert de Mercure (comme les orfèvres du vif argent) pour séparer des autres et attirer à soy l'or, ne connoistra pas que l'inorance ne convient pas à un homme riche. Que si la main est pleine, il n'est plus bienséant ny nécessaire de se vuider la teste et alambiquer le cerveau, ayant ja trouvé la quintessence de la fortune, qu'ils disent estre l'argent et l'or ...". *La Guide,* pp. 178-179.

vol, le Père Bartoli établit avec beaucoup de précision une méthode des emprunts légitimes. L'opprobre est jeté sur la médisance malveillante, mais le rôle du critique est défini, comme sont énumérées les aptitudes requises pour l'exercice de cette fonction. Le dernier chapitre, loin de traiter seulement de l'Obscurité, retrace en fait la genèse-type d'un ouvrage. On y examine successivement l'art de choisir un sujet "proportionné" au talent et adapté au public, l'art d'organiser "la distribution et le plan d'un ouvrage", puis celui de rassembler les matériaux nécessaires. L'auteur indique ensuite quelques difficultés qui peuvent se présenter lors de la mise en œuvre : lenteurs de composition, recherche du style le mieux adapté ; il propose enfin une méthode de révision finale. Quelques conseils plus concrets encore, sont donnés, au chapitre de la Paresse, sur l'organisation quotidienne du travail. L'application et l'effort doivent être continus, toute interruption risquant de rendre difficile un nouveau départ ; les heures du jour sont les plus propices à cette tension ; le travail matinal est même d'une fécondité particulière :

"les heures de l'aurore sont les plus prétieuses du jour : ou par un privilège comme dit Marsile Ficin, d'une particulière influence du Ciel ; ou à cause que lorsque les pensées sont scéllées en la plus belle et plus pure partie des esprits, le plus grossier en étant séparé et digéré par le sommeil, elles se présentent à l'âme sans l'offusquer : comme un beau miroir, qui luy montre les espèces des choses qu'elle contemple claires et nettes : lors elle voit les très pures réflexions des premières idées qui sont les formes de la vérité. En quelque façon, l'expérience nous enseigne tous les jours que l'aurore est la mère du miel : et qu'alors les perles tombent sur le papier de celuy qui compose, comme la rosée descend dedans les conques pour les féconder et les enrichir" (218).

A l'échelon non plus de la journée de travail ou d'un ouvrage-type, mais d'une carrière, les indications fournies par le Père Bartoli sont beaucoup plus sommaires. Il exprime à plusieurs reprises l'idée que la carrière intellectuelle est réservée à ceux qui sont prêts à lui consacrer tout leur temps et à ne pas ménager leurs efforts ; de belles satisfactions spirituelles les attendent d'ailleurs s'ils savent éviter écueils et erreurs. D'une façon générale l'itinéraire à suivre peut s'inspirer d'un modèle antique :

"Que celuy qui faict profession des Lettres divise sa vie, comme les vestales Romaines, lesquelles en faisaient trois parties. En la première elles apprenoient leurs rites et cérémonies, étant escholières des plus grandes : en la seconde elles les pratiquaient ... : en la troisième elles enseignaient comme maîtresse des jeunes. Ainsy les feuilles servent aux fleurs : et les fleurs en tombant se nouent en fruits par une fin bienheureuse" (219).

Sur un plan moins étroitement professionnel, le littérateur doit comprendre que sa carrière est infinie : toute la Création étant comme un livre ouvert devant lui qu'il n'aura jamais fini de déchiffrer.

D'une façon assez inattendue, c'est dans le chapitre intitulé "La Paresse" que se rencontrent les considérations que nous avons appelées anthropologiques. Ayant insisté sur la nécessité de l'effort, le Père Bartoli affirme que

---

(218) Ibid. pp. 440-41.
(219) Ibid. p. 542.

celui-ci n'est pas suffisant : une sorte de vocation biologique serait également indispensable. Il aborde donc la question des signes distinctifs du "génie". Déjà il avait formulé une justification (ou une explication) à la supériorité des activités intellectuelles sur la plupart des activités humaines :

> "La tête estant le siège de la raison, et pour cela seule digne de porter une couronne, a été mise par l'autheur de la nature au lieu de plus relevé de tous les membres (220).

Les "Platoniciens" et certains "physionomistes" ont cru pouvoir aller plus loin. Ils auraient constaté une conformité entre la beauté du corps et celle de l'esprit, un rapport entre la taille de la tête et l'ampleur du génie ou entre la pâleur du visage et l'éclat des yeux d'une part et la vivacité de l'esprit d'autre part. On pourrait, en les suivant, brosser le portrait de l'homme le mieux prédisposé aux exercices intellectuels :

> "Les épaules et le col arides et maigres, la température de la chair délicate, un front haut, une peau subtile et déliée, la voix métoïenne entre l'aigre et le grave ; les cheveux ni trop mollement étendus, ni annellés et crépus ; les mains maigres, les jambes subtiles, une moïenne corpulence, une couleur aimable" (221).

Le Père Bartoli récuse ce déterminisme du biologique à l'intellectuel. Mais ses objections paraissent incertaines. Il propose d'abord d'expliquer la "diversité des esprits" par une "différente perfection de l'âme et non par une diverse disposition du corps" (222). Toutefois les cas d'amnésie (l'esprit devient "stupide" alors que l'âme reste la même) ou la curieuse répartition géographique des génies demeurent embarrassantes. L'auteur se range alors à l'opinion "la mieux établie", qui ne le dégage que bien imparfaitement d'une position déterministe : la constitution du corps serait elle-même déterminée par certaines "qualités primitives" ; si quelques-unes d'entre celles-ci se rencontrent en un certain équilibre, alors il y a prédisposition au génie. Ainsi un "juste équilibre" entre les humeurs, avec prédominance des humeurs chaudes, pourra être en quelque sorte exploité par l'âme de celui qui deviendra un "génie" ou un "homme ingénieux" ; un "homme d'esprit" selon Delivoy (223). Pour parvenir à un système satisfaisant le Père Bartoli ajoute à ce déterminisme qui ne veut pas dire son nom, un finalisme beaucoup plus avouable :

> "Cette habilité et aptitude de la puissance bien disposée (comprenons : la disposition primitive dont l'âme va se servir) vers un tel ou tel objet, est le fondement de ce que l'on appelle Génie. Car chacun ayant un naturel désir de scavoir ; et la nature ne se trompant pas, scait ce qui est son bien, et nous porte par divers désirs à ce qu'elle nous voit suffisamment disposés pour l'obtenir. La proportion donc de la

---

(220) Ibid. p. 21.

(221) Ibid. p. 472.

(222) Ibid. p. 485.

(223) Traduisant le texte en 1769, le Père Delivoy croira bon de joindre une note rassurante à ce passage : "On aurait tort ce me semble de penser que le Père Bartoli voulût insinuer ici quelque principe du système absurde des Matérialistes (...) son intention n'ayant été que de marquer le service et les avantages que l'âme tire pour ses opérations de la disposition des organes du corps et non de l'identifier avec cette disposition". T. III, p. 86.

puissance avec l'objet et la volonté qu'elle a de scavoir (desquelles l'une applique et l'autre détermine) font cette sympathie, que l'on peut appeler la forme du Génie (comprenons : les différents types d'esprit, inclinés vers les divers genres de "Littérature et de Science") (224).

De façon très pragmatique, il est conseillé à chacun, pour reconnaître son vrai génie de se mettre au travail et à l'épreuve : la qualité des résultats sera le meilleur indice. La fin de l'exposé n'en reconnaît pas moins l'existence d'une catégorie particulière et privilégiée d'individus ; une fois de plus le Père Bartoli trouve le moyen de concilier science et religion :

> "Puisque nous ne pouvons avoir la Science que tombée du Ciel en ces corps de terre, du moins il faut nous appliquer à la recueillir, de ceux qui sont de la température du Ciel : ignée et subtile, mais stable et réglée, et qui ont plus de rapport avec elle et s'y accomodent mieux" (225).

Hypothèses biologiques et préceptes techniques, considérations psychologiques et sociales font donc de cet ouvrage un traité systématique qui mérite son titre initial.

Sans doute n'est-ce point un hasard s'il a été conçu en Italie. On aura remarqué d'ailleurs à quel point il est marqué par l'esprit de la Renaissance.

Le Père Bartoli accompagne ses affirmations d'un très abondant appareil de citations où se côtoient les Pères de l'Eglise et les philosophes "païens". Dans bien des cas, la "science" humaniste résulte d'une conciliation du symbolisme biblique et du symbolisme antique, ou de la métaphysique et de la mythologie (226). Ainsi avons-nous aujourd'hui l'impression que la pensée naît du flot même des images. Il est également remarquable de voir que les termes "Hommes de Lettres", "Philosophe" "Savant" et "Sage" sont employés indifféremment. Le modèle stoïcien est encore un moyen d'appréhension de la réalité du XVIIe siècle.

Si *Dell'Uomo di Lettere* n'a pas eu d'équivalent en France, la Compagnie a jugé utile de l'y faire traduire par l'un de ses "scriptores", déjà réputé pour son enseignement et qui allait devenir provincial de Champagne. Le fait n'est pas indifférent à une époque où, en France, plus de la moitié des travailleurs intellectuels sont, aussi, des ecclésiastiques (227). Il paraît logique que le premier ouvrage spécifiquement consacré à l'homme de lettres soit dû à une plume religieuse. L'image sociale du littérateur qui nous y est donnée s'explique en partie par là. Cette sorte d'innocence socio-économique souhaitée pour ceux qui se vouent à la carrière des Lettres — et dont la fonction a quelque chose de divin — évoque un véritable "ministère intellectuel". Ministère laïc, certes, puisqu'aussi bien tous les hommes de lettres ne

---

(224) Ibid. p. 493-94.

(225) Ibid. p. 495.

(226) Signalons toutefois que le Père Bartoli condamne "ceux qui regardant comme sacré tout ce qu'ils ont appris de leurs maîtres, prennent pour autant de paroles sacramentelles les Textes des anciens philosophes (. . .) de façon qu'en confessant Jésus Christ ils ne sont pas obligés de renoncer à la doctrine d'Aristote ou de Platon" (Traduction Delivoy, t. II, p. 272. Dans *La Guide*, p. 418).

(227) Cf. H.J. Martin, *Livre, Pouvoirs et Société à Paris au XVIIe siècle*, Genève, 1969, p. 908.

sont plus des clercs ; mais l'idée ne vient pas, à des littérateurs dont les besoins économiques sont assurés par leur appartenance religieuse, que les revenus tirés directement des productions intellectuelles pourraient apporter aux auteurs leurs moyens d'existence. Aussi le mécénat apparaît-il comme la meilleure solution.

L'homme de Lettres (1769)

Nous manquons de documents susceptibles de nous indiquer comment *"La Guide"* fut accueillie en France, au XVIIe siècle. En revanche, plusieurs textes de la deuxième moitié du XVIIIe siècle nous renseignent sur les réactions de certains littérateurs devant l'ouvrage du Père Bartoli, plus de cent ans après sa parution.

La livraison d'avril-mai 1754 du *Journal Etranger* contient un compte rendu de trente-deux pages (228). Les douze dernières pages sont des traductions de plusieurs passages, destinées à donner au lecteur une idée précise de la teneur du texte. Mais dans le résumé qui ouvre l'article, de nombreuses phrases sont des traductions inavouées : le journaliste prend donc à son compte de nombreuses idées du Père Bartoli. Nous ignorons s'il s'agit de Grimm, de Toussaint ou de Prévost (qui éditèrent le *Journal Etranger* avant que Fréron ne s'en charge). L'appréciation d'ensemble est largement laudative. L'ouvrage plaît surtout par sa composition rigoureuse et il est préféré pour cette raison aux "productions destituées de plan, d'ordonnance et de marche". L'on regrette seulement que, du point de vue du style, le "coloris poétique" se substitue à la prose ; mais il ne semble pas que ce style paraisse vieilli : la surabondance de métaphores est condamnée d'un point de vue esthétique et non historique. Le mélange du sacré et du profane est critiqué dans un esprit analogue. Mais l'essentiel, croyons-nous, tient dans le jugement qui concerne le contenu même de l'œuvre ; pour le littérateur de 1754, le Père Bartoli a eu le mérite de "tracer le tableau général de la plupart des auteurs, sans faire le portrait d'aucun en particulier". Cette formule explicitée dans les phrases suivantes, vise surtout à féliciter l'auteur d'avoir su ménager les personnes. Mais il est clair qu'elle est, implicitement, une reconnaissance de l'exactitude du tableau et de la pertinence des analyses qui l'accompagnent.

En 1769, le Père Delivoy place un bref "Avertissement" en tête de sa traduction. Après une biographie sommaire du Père Bartoli, très vraisemblablement empruntée au *Grand Dictionnaire* de Moreri, il se contente de reprendre l'article du *Journal Etranger*. Il en donne d'abord un extrait, assorti des références précises. Mais, bien qu'il ne le signale plus, la suite de son Avertissement, dans sa presque totalité n'est qu'une reprise des éloges formulés en 1754 (pratique courante à l'époque, mais qui n'est pas de très bon augure de la part d'un traducteur). Au demeurant, la meilleure preuve de l'intérêt qu'il porte au livre du Père Bartoli est le fait qu'il l'ait traduit.

---

(228) D'une édition de l'ouvrage en italien et publié en Italie.

Le texte même de sa version ne nous a pas paru justifier une comparaison détaillée avec la traduction du Père Le Blanc. Le rapprochement permet toutefois de voir que les vocables qui désignent les littérateurs sont aussi imprécis en 1769 qu'en 1654. En revanche, ce "coloris poétique" général de l'ouvrage initial, admirablement rendu par le premier traducteur, disparaît, presque complètement. Dans les rares passages où il n'est pas "effacé", il paraît déplacé. De la même façon, les innombrables citations des auteurs antiques — que le Père Delivoy, consciencieusement, traduit toutes sans exception — apparaissent bien souvent comme de laborieuses surcharges. A tel point que nous avons aujourd'hui l'impression d'une nette dégradation esthétique de la première à la seconde traduction.

Rien, certes, ne nous permet d'affirmer qu'un autre auteur n'eût pas pu, en 1769, s'acquitter plus habilement de la "translation". Néanmoins, même si nous n'expliquons pas ce phénomène par les défaillances du Pèry Delivoy, il nous paraît curieux qu'il n'ait pas eu conscience de trahir quelque chose de l'œuvre originale. Lui qui, semble-t-il, n'a pas senti que cette œuvre avait "vieilli" au bout d'un siècle, en donne une traduction dont le lecteur d'aujourd'hui trouve qu'elle cadre mal avec la littérature des années de 1770.

Mais, plus encore que le texte même, sont significatives les "notes historiques et critiques", que rédige le Père Delivoy. Il est d'abord frappant de voir qu'un bon nombre des auteurs de l'Antiquité, des Pères, ou des personnages historiques cités aient paru mériter une note historique. Nous pouvons admetttre que le considérable élargissement du public justifie cette précaution. Au temps du Père Le Blanc, le texte pouvait se présenter seul dans la mesure où, vraisemblablement, l'on s'attendait à ce qu'il soit surtout lu par un public de savants et de lettrés. L'existence d'une traduction latine de l'ouvrage italien, publiée en 1672 par le Père Janin, nous paraît confirmer cette hypothèse.

Certaines notes critiques, quant à elles, présentent une curieuse unité. Nous avons déjà relevé celle dans laquelle le Père Delivoy garantit l'ortho-doxie du jésuite italien et prévient l'éventuelle accusation de "matérialisme" (à propos de l'explication "biologique" du Génie). A propos de Diogène, cité par Bartoli comme un admirable exemple du "Sage dans l'infortune", la note historique est assortie d'un commentaire qui pourrait bien viser Rousseau :

"C'était un de ces philosophes qui outrent tout jusqu'à la folie . . . " (229).

L'utilité des voyages pour la formation des littérateurs, affirmée dans le texte initial est contestée par une note du traducteur. Celui-ci prône un cosmopolitisme prudent, voire timoré, qui n'est pas sans rappeler celui des rédacteurs de l'*Année littéraire,* dont Ph. Van Thiegem a souligné le caractère anti-philosophique (230). Un autre point de désaccord apparaît à propos d'une anecdote rapportée au chapitre de l'Arrogance : le roi Alphonse X de

---

(229) *L'Homme de Lettres,* T. I, p. 87.

(230) Ph. Van Thiegem, *L'Année Littéraire comme intermédiaire en France des Littératures étrangères.* Thèse, Paris, 1917.

Castille, se considérant comme le plus savant astronome de tous les temps, estimait que Dieu aurait dû lui demander conseil pour sa Création. Le Père Delivoy propose une interprétation de l'événement qui réhabilite le souverain aux dépens de mécréants savants :

> "On assure que ce Prince voulait seulement condamner par là les systèmes ridicules de certains Astronomes et non pas le vrai système du monde tel qu'il est sorti des mains du Créateur" (231).

Un dernier exemple confirme, à notre avis, la portée de ces rectifications du traducteur. Nous avons vu que le Père Bartoli reproche aux Grands d'estimer les ouvrages sans récompenser leurs auteurs comme ils le méritent. Après avoir rapporté l'opinion analogue de Boileau (les vers fameux de la *Satire VIII*), le Père Delivoy ne cache pas son désaccord :

> "... il faut cependant convenir que ceci n'est pas exactement vrai, du moins à tous égards [...], que les Barboteurs des marais du Parnasse se plaignent tant qu'ils voudront : en général les vrais Savans ont toujours joui de la considération qui leur était due. Dans tous les temps ils ont été honorés, distingués, élevés, gratifiés selon leurs talents et les avantages qu'en ont retiré les Sciences et les Arts. Il ne faut pour s'en convaincre qu'ouvrir les Annales de la Littérature" (232).

On croirait entendre le Vicomte d'Avenel signalant l'exception de Marot qui "vécut pauvre", mais "par sa faute : volontiers combatif, il se mit partout en lutte ouverte avec les autorités et les partis dominants" (233).

Il nous paraît logique que la traduction du Père Delivoy lui ait valu un compte rendu très favorable dans le périodique de Fréron. Le journaliste de l'*Année Littéraire* fait, en vingt et une pages, un résumé beaucoup plus soigneux que celui du *Journal Etranger*. Certains commentaires l'accompagnent. L'un d'eux paraît digne du Père Delivoy. Il s'applique à un portrait grotesque que le Père Bartoli brosse du riche ignorant, afin de venger, en quelque sorte, les littérateurs de l'ingratitude des grands. Cette audace est jugée malséante :

> "Un vrai Philosophe plaindroit l'Ignorant sans l'humilier ; s'il en recevoit quelqu'outrage il le plaindrait encore, et ne chercheroit pas à s'en venger" (234).

Les autres commentaires sont des jugements de valeur d'une portée plus générale. Comme en 1754, mais plus sévèrement, il est reproché au Père Bartoli d'abuser des "faux brillants" : "il court trop souvent après la pointe, les jeux de mots, l'antithèse".

Mais la formulation de ce reproche, pour n'être plus inspirée par des principes esthétiques, n'en devient pas pour autant historique ; elle est géographique :

---

(231) *L'Homme de Lettres*, t. II, p. 241.

(232) Ibid. t. I, pp. 9-10.

(233) Vicomte d'Avenel, *Histoire Economique de la Propriété, des Salaires, des Denrées et de tous les prix* (...), 6 volumes, Paris, 1919 ; tome V, livre IV, chap. VIII, p. 272.

(234) *L'Année Littéraire*, 1769, tome VIII, p. 78.

"Ces faux brillants peuvent réussir en Italie ; il serait trop injuste de lui reprocher d'avoir cherché à plaire à sa nation" (235).

Nous ignorons d'ailleurs si le journaliste connaissait la date de publication de l'ouvrage italien, qui n'est indiquée ni dans le *Journal Etranger,* ni dans l'édition française de 1769. L'on peut d'ailleurs douter également qu'il ait lu le texte original dans la mesure où il loue le Père Delivoy d'en avoir "rendu les beautés". Une dernière observation mérite d'être relevée :

"(Le Père Bartoli) a présenté un tableau fidèle de la plupart des écrivains, ménagé les personnes, etc ." (236).

Elle est une reprise presque littérale de cette phrase du *Journal Etranger* que Delivoy avait lui-même citée ; à un mot près toutefois : le "Tableau général" devient un "tableau fidèle". Du coup, notre interprétation de la première formule se trouve confirmée. De 1754 à 1769, trois auteurs en France, ont considéré que *Dell'Uomo di Lettere,* publié en 1645, donnait une image de l'homme de lettres conforme à la réalité de leur époque.

S'il demeure quelques incertitudes bibliographiques à son sujet, l'ouvrage du Père Bartoli et la façon dont il a été accueilli en France nous amènent à des conclusions inattendues.

Il est d'abord surprenant qu'au milieu du XVIIe siècle, pour pallier sans doute l'absence d'ouvrages spécialement consacrés à l'homme de lettres, des littérateurs français traduisent un ouvrage italien fortement marqué par les modèles de l'Antiquité et de la Renaissance. Il est plus étonnant que la même image soit considérée cent ans plus tard comme une représentation exacte et proposée à un public élargi. Mais la surprise tourne au paradoxe lorsque l'on voit les commentateurs d'après 1750 s'élever contre certaines audaces de l'esprit humaniste, dans ce qu'elles avaient de pré-philosophique, ou de "progressif", comme on eût dit à l'époque romantique. Il resterait à savoir dans quelle mesure ce conservatisme intellectuel tient à l'absence de tout relativisme historique dans le domaine esthétique.

Les phénomènes de permanence sont certes fréquents dans le domaine de l'histoire des idées. Dans le milieu longtemps clos des hommes de lettres, ils avaient toute chance d'être particulièrement frappants. Comme l'a dit R. Escarpit :

"Jusqu'à la querelle des Anciens et des Modernes, l'écrivain sera le contemporain des écrivains de tous les temps" (237).

Mais nous devrons nous rappeler, d'une part, que l'image du Sage antique vient encore à l'esprit du littérateur de la fin du XVIIe siècle lorsqu'il veut donner une représentation de lui-même ; d'autre part que vingt ans après

---

(235) Ibid. p. 91.

(236) Ibid. p. 92.

(237) *Histoire des Littératures,* éd. de la Pléiade, Paris, 1958, t. III, Histoire de l'Histoire de la Littérature, p. 1756.

l'Essai sur la Société des Gens de Lettres et des Grands (238), l'année même où Diderot compose son *Mémoire sur la liberté de la Presse* (239), le mécénat traditionnel trouve encore des adeptes chez les intellectuels eux-mêmes.

---

(238) D'Alembert : *Mélanges de Littérature, d'Histoire et Philosophie,* 1752. L'Essai ... s'appelle d'abord : *"Essai sur les Gens de Lettres les Grands et les Mécènes".*

(239) Cf. Diderot, *Sur la Liberté de la Presse,* Ed. Sociales, Paris 1964, Présentation par J. Proust, p. 7.

CHAPITRE DEUXIÈME

DÉFINITIONS ET DÉLIMITATIONS DE L'HISTOIRE LITTÉRAIRE FRANÇAISE DE 1700 A 1750

C'est entre le début et le milieu du XVIIIe siècle que l'on commence, en France, à considérer comme un secteur autonome l'ensemble des ouvrages qui évoquent l'existence des littérateurs, vivants ou disparus, ainsi que leurs ouvrages. Si elle trouve sa place parmi les différentes catégories des "ouvrages de l'esprit", l'histoire littéraire trouve également alors son nom. L'étude de l'apparition de ce vocable nouveau constitue un premier moyen de découvrir le phénomène désigné. L'examen préalable du vocabulaire apparaît d'ailleurs ici comme une démarche indispensable. Le terme "histoire littéraire" a été repris en effet, au XIXe puis au XXe siècle pour désigner tout autre chose que ce qu'il désignait au siècle des lumières. Il en résulte, aujourd'hui, une confusion tout à fait dommageable à l'histoire littéraire qui nous intéresse : la permanence du terme fait oublier qu'il a pu désigner des réalités très différentes ; en l'occurence, des ouvrages qui correspondaient à des intentions et des contextes différents. L'erreur de perspective fut aggravée par l'acception nouvelle donnée, vers la fin du XVIIIe siècle, au terme "littérature", et par les liens qui s'établirent ensuite entre ce substantif et l'adjectif "littéraire". Ainsi l'utilisation de la notion moderne (la littérature, ce qui est littéraire) à propos du XVIIIe siècle aboutit la plupart du temps à une grave confusion historique qui consiste à projeter, consciemment ou non, le présent sur le passé. Il y a donc un risque de ne pas comprendre le sens et l'intérêt des représentations que les littérateurs donnèrent jadis d'eux-mêmes si l'on ne se débarrasse pas du "brouillage" que les mots ont provoqué. Notre étude des définitions anciennes, de l'évolution du vocabulaire, entend donc être en même temps une mise au point historique.

I

LES MOTS

S'il fallait en croire la plupart des dictionnaires de l'époque, l'histoire littéraire n'existait point encore au début du XVIIIe siècle. On ne trouve pas d'article "littéraire" dans le *Dictionnaire* de Richelet (1681), ni dans le *Dictionnaire* de Furetière, ni dans le premier *Dictionnaire de l'Académie Françoise* (1694). Ces trois ouvrages consacrent bien un article à l'"Histoire", mais dans les énumérations des différentes sortes d'histoire (que termine souvent, il est vrai, un "etc.") l'histoire littéraire est également absente. On ne la rencontre pas davantage dans la nouvelle édition de l'ouvrage de Furetière publiée en 1704, et l'on est plus étonné encore de constater que la deuxième édition du *Dictionnaire de l'Académie Françoise* (1718) ou même les éditions de 1728 du *Dictionnaire* de Richelet n'ont toujours pas enregistré son existence. Seul, un article "littéraire" apparaît dans le *Dictionnaire de Trévoux* de 1721, alors que nos modernes *dictionnaires* étymologiques (Bloch et Wartburg, Dauzat) font remonter à 1527 l'existence de cet adjectif.

Si les dictionnaires ne laissent aucune place au mot, permettent-ils de définir la chose ? La recherche est peu féconde en ce qui concerne les deux termes par lesquels nous pourrions, aujourd'hui, définir sommairement l'ancienne histoire littéraire : "biographie" et "bibliographie". Comme l'indique Furetière en 1691, la "bibliographie" désigne à l'époque la "connaissance" et l'aptitude au "déchiffrement des anciens manuscrits". Un demi siècle plus tard, *l'Encyclopédie* et le *Dictionnaire de Trévoux* (édition de 1752) enregistreront une acception supplémentaire du mot. Mais ils réservent alors le nom de "bibliographes" aux libraires qui connaissent le mérite des éditions, le prix des livres et dressent des catalogues de bibliothèques (1). Les "biographes", eux, ne font l'objet d'une définition que dans l'édition de 1721 du *Dictionnaire de Trévoux* ; mais la "biographie" elle-même est ignorée de la plupart des lexicographes du XVIIIe siècle. Un détour est en réalité nécessaire pour que nous parvenions à une définition de cette histoire littéraire dont l'existence, en dehors des dictionnaires, est largement attestée.

---

(1) *Le Dictionnaire de Trévoux* signale toutefois que M. de Sallo, dès 1665, dans la Préface du *Journal des Savants* désignait de la même façon les auteurs qui ne donnent, dans leurs catalogues, que les titres des livres.

"Lettres" — "Sciences" — "Littérature"

Il suffit d'examiner la valeur ancienne du mot "Lettres" pour comprendre bientôt à quel point un effort d'adaptation est nécessaire : aujourd'hui,à qui veut reconstituer le monde intellectuel de l'Ancien Régime.

Pour n'être pas d'une grande précision, toutes les définitions qui se trouvent dans les Dictionnaires précédemment cités ont beaucoup de ressemblance. Ainsi la même définition se retrouve-t-elle dans toutes les éditions du *Dictionnaire de l'Académie Française* de 1694 à 1765 :

"Lettres : au plur. se dit de toute sorte de science et de doctrine". Le rapprochement des deux mots communément opposés de nos jours est encore plus frappant dans le *Dictionnaire de Trévoux :*

"Lettres : se dit aussi des Sciences"

Les indications fournies aux articles "Science" ou "Sciences" nous montrent que la première est la connaissance claire et certaine de quelque chose et que les secondes désignent toutes les disciplines de l'activité intellectuelle sans exception. L'étonnante équivalence s'explique donc par le fait que, pour les lecteurs du XVIIIe siècle, les sciences renvoient à toutes les connaissances qu'un cerveau humain peut assimiler, tandis que les "Lettres" représentent ces connaissances, ou une quelconque partie de ces connaissances, une fois assimilées par un cerveau humain. A cette nuance près, qui est en somme d'ordre chronologique, l'on pourrait dire que les deux termes sont synonymes. Et l'on comprend aussi pourquoi Perrault vante les "admirables découvertes" que nos gens de Lettres ont faites dans toutes les Sciences (2)".

De la même façon, et peu de temps après, les premiers rédacteurs des *Mémoires de Trévoux* annonçant le contenu de leur ouvrage périodique signalent à la fois :

"les nouvelles des Lettres, par exemple la mort des personnes distinguées par leur science" et les "contestations qui s'élèvent souvent entre les hommes de lettres sur les matières de Science".

Ils espèrent que leur journal, servant d'intermédiaire à "tous les Savants de l'Europe" permettra d'établir "cette correspondance de tous les hommes de lettres les uns avec les autres" qui "peut infiniment servir à la perfection des Sciences" (3). Un demi-siècle plus tard, d'Alembert parlera encore des "gens de lettres qui s'occupent des sciences exactes" (4), et le *Dictionnaire de Trévoux* de la "science qui enfle presque toujours le cœur" des "gens de Lettres" (5). C'est donc le sens moderne des mots "lettres" et "sciences"

---

(2) Perrault. *Les Hommes Illustres qui ont paru en France pendant ce siècle*. Paris, 1697, Préface.

(3) *Mémoires de Trévoux*, vol. I, janvier-février 1701, Préface, paragraphes 4, 6 et 8.

(4) Cf. *Œuvres* de l'Alembert, réimpression Slatkine, t. IV, Essai sur la société des gens de lettres et des grands, p. 348.

(5) *Dictionnaire de Trévoux*, 1752, article : "Lettres".

qu'il nous faut oublier provisoirement si nous voulons pénétrer dans l'univers intellectuel du XVIIIe siècle et comprendre la représentation qui en fut donnée alors. Entre 1700 et 1750, un seul mot ou deux mots approximativement synonymes suffisent à désigner toutes les activités intellectuelles possibles. Nous verrons qu'en effet si la République des Lettres peut être découpée en départements, elle ne connaît pas de frontière intérieure.

Un effort d'accommodation s'impose tout autant à propos de la "littérature". Deux mots se retrouvent dans tous les dictionnaires de la fin du XVIIe siècle pour la définir : "érudition, doctrine". En guise d'exemples le *Dictionnaire de l'Académie* de 1694 propose : "grande littérature, profonde littérature". Définition et exemples seront repris dans les éditions suivantes jusqu'en 1765. En 1721 les auteurs du *Dictionnaire de Trévoux* suivent à peu près leurs prédécesseurs, explicitant une assimilation que nous pouvions deviner :

"Littérature : doctrine, connaissance profonde des Lettres."

Si nous ajoutons que Richelet s'était servi des mots "doctrine, savoir, érudition" pour définir le mot "science" lui-même, nous arrivons à la conclusion que les trois termes qui nous intéressent ici couvraient un seul et même champ. Plus ou moins interchangeables, ils pouvaient désigner la totalité du savoir, l'ensemble des activités de l'esprit ou s'appliquer à n'importe lequel des exercices auxquels se livrent les travailleurs intellectuels, sans aucune distinction de spécialité. Le même Richelet indiquait d'ailleurs un emploi figuré du mot "littérature" dont la fortune devait être brève mais qui reste, pour nous, très significatif :

"Litérature (sic) : tout le corps des gens de lettres".

Fontenelle se faisait parfaitement comprendre de ses contemporains lorsque, retraçant l'histoire de l'Académie des Sciences, il rappelait que Colbert avait d'abord pensé réunir :

"(les) gens les plus habiles en toutes sortes de littérature : les Savans en Histoire, les Grammairiens, les Mathématiciens, les Philosophes, les Poètes, les Orateurs" (6).

Le nom même de l'Académie qui devait finalement être créée ne doit pas nous tromper aujourd'hui. Si l'Académie Française et l'Académie des Sciences ont existé simultanément, il serait gravement inexact de supposer que l'on ait voulu disposer de deux corps spécialisés, l'un "scientifique" et l'autre "littéraire". Au demeurant la "double appartenance" de Fontenelle lui-même, puis, plus tard, celles de D'Alembert, de Buffon ou de Dortous de Mairan nous interdisent d'appliquer les cadres modernes sur cette réalité passée. Le fait même que certains membres de l'Académie dite des "Sciences" soient recrutés pour leurs compétences particulières en Géométrie,

---

(6) Fontenelle, *Œuvres*, 1766, t. X, Préface de l'Histoire de l'Académie des Sciences depuis 1666 jusqu'en 1699, p. 12. Cette *Histoire de l'Académie* avait été publiée en 1733, en un volume.

en Astronomie, en "Méchanique", en "Anatomie", en "Chymie" ou en "Botanique" ne doit pas faire illusion : de nombreuses académies et sociétés provinciales parvenaient à réunir des gens de lettres également distingués dans les "Sciences", les "Belles-Lettres" et les "Arts" (Amiens, Auxerre, Bordeaux, Clermont-Ferrand, Lyon, Mez, Villefranche, etc.). Ainsi, les découpages jadis pratiqués ne constituaient que des subdivisions secondaires, ou secondes par rapport à l'appréhension globale du milieu intellectuel ou de l'activité intellectuelle que la notion de littérature, entre autres, permettait d'effectuer et qui était l'objet même de l'histoire littéraire. Il est donc nécessaire de rappeler que la "littérature", dans le sens où nous utilisons aujourd'hui ce mot, n'existait pas avant 1750. En isolant certaines œuvres particulières de l'ensemble de la production imprimée d'autrefois, la notion moderne de littérature a finalement accrédité l'idée fausse d'un milieu autonome de créateurs dont la poésie, le théâtre et le roman auraient été le domaine exclusif. C'est une conception récente de l'Art (littéraire) qui vient brouiller ici les données historiques. Nous devons nous déprendre totalement de l'histoire de la littérature pour approcher d'une définition exacte de l'ancienne histoire littéraire.

Vers la littérature

Avant d'en revenir à celle-ci il nous faut, certes, faire état d'une évolution qui s'amorce entre 1700 et 1750 et qui représente l'une des origines de la notion moderne de littérature. Dès le XVIIe siècle on distinguait parfois, au sein de l'ensemble désigné par le mot "Lettres", les "Belles-Lettres". Il ne s'agissait point d'un domaine privilégié et, en tout état de cause, ses contours étaient fort vagues. Tantôt nous constatons que les "Belles-Lettres" sont identifiées aux "Lettres Humaines" pour être opposées aux "Lettres sacrées" ou "divines". Tantôt nous voyons qu'elles désignent "la connaissance des Poètes et des Orateurs" (Richelet 1681, Trévoux 1721). Un certain flottement semble d'ailleurs avoir marqué cette seconde acception : Pierre Richelet joignait les Historiens aux Poètes et aux Orateurs ; quant aux lexicographes jésuites, ils apportent un troublant correctif à leur définition :

> "les vraies Belles-Lettres, ajoutent-ils, sont la Physique, la Géométrie et les sciences solides".

Dans tous les cas, on aura remarqué que les "Belles-Lettres" demeurent la "connoissance" d'un domaine particulier (quelle que soit l'imprécision de ce domaine) et non pas une pratique. Elles n'ont de sens que dans le cadre de cette "érudition" générale représentée par les "Lettres". Or, on s'aperçoit qu'un rapprochement et un glissement s'effectuent, au début du XVIIIe siècle : le mot "littérature" est parfois utilisé pour désigner les "Belles-Lettres" considérées non plus comme la connaissance des poètes, orateurs et historiens, mais comme l'exercice effectif de la poésie, de l'éloquence et de l'histoire. C'est en 1740 que cette nouveauté est enregistrée dans le *Dictionnaire* de *l'Académie Française*. A l'ancien article "Littérature" on ajoute la formule : "ce mot regarde proprement les Belles-Lettres". La définition antérieure (que nous avons rapportée ci-dessus) n'en reste pas moins en vigueur elle aussi, et la confusion qui caractérisait déjà le vocabulaire du monde intellectuel s'en trouve accrue. Il est évident qu'à l'époque de *l'Encyclopédie* on ne parvient toujours pas à cerner précisément ces notions. L'article que signe le chevalier de Jaucourt (D J) est éloquent à cet égard ; le jeu des parenthèses et des renvois est loin d'éclairer le lecteur :

> "Littérature (Sciences, Belles-Lettres, Antiq.) : "terme général qui désigne l'érudition, la connoissance des Belles-Lettres et des matières qui y ont rapport". Voy. LETTRES".

> "Lettres (Encycl.) : "ce mot désigne les lumières que procure l'étude, et en particulier celle des Belles-Lettres ou de la littérature. Dans ce dernier sens on distingue les gens de lettres, qui cultivent seulement l'érudition variée et pleine d'aménités, de ceux qui s'attachent aux sciences abstraites, et à celles d'une utilité plus sensible".

On pressent seulement ici que le mot "littérature" est en train de se spécialiser et qu'il entraîne plus ou moins le mot "Lettres" dans son évolution (7). Il semble également que celle-ci concerne plutôt des questions de forme que des questions de fond ; à en juger au moins par cette opposition dont "l'érudition variée et pleine d'aménités" constitue le premier terme.

La même hypothèse serait à formuler à propos du texte dans lequel nous croyons avoir relevé la première opposition Sciences-Lettres qui ait une résonance moderne. Il s'agit d'un texte polémique de Jean-George Le Franc de Pompignan, frère du célèbre ennemi des "philosophes" (8). *L'Essai critique sur l'Etat Présent de la République des Lettres* (9) est en réalité une analyse de la décadence du goût dont les ravages inquiètent l'auteur :

> "Convenons que le règne des Lettes n'est plus si florissant de nos jours qu'il l'était il y a cinquante ans : que les vrais principes de la littérature se perdent insensiblement ; que le nombre de bons ouvrages diminue, et celui des mauvais s'augmente et se multiplie" (10).

---

(7) Marmontel tente d'effectuer une nouvelle mise au point avec l'article *Littérature du Supplément* (Panckoucke publie les quatre volumes du texte du *Supplément* à partir de 1776). Il juge utile d'insister sur la différence qui sépare "l'érudition" et la "littérature" ; il entend distinguer nettement le ' littérateur" de "l'érudit". Le premier "ne sait pas ce que les scholiastes ont dit d'Homère mais il sait ce qu'a dit Homère". La proposition inverse ne caractérise pas forcément le second qui peut être parfois un bon "littérateur". "L'un et l'autre cependant, selon Marmontel, ne feront pas un homme de lettres : le don de produire caractérise celui-ci ; et avec de l'esprit, du talent et du goût, il peut produire des ouvrages ingénieux, sans aucune érudition et avec peu de littérature". En dépit du dernier membre de cette phrase, n'est-ce pas l'acte de naissance du premier représentant de notre moderne littérature que nous venons de transcrire ?

(8) Né en 1714 à Montauban, il devait devenir évêque du Puy à l'âge de vingt neuf ans, puis premier aumônier de Louis XV. Il composa, sur les traces de son frère ainé un *Mandement contre l'édition des Œuvres* de Voltaire, publié en 1781 in-8°, et un *Mandement portant défense de lire les Œuvres de J.J. Rousseau et de Raynal*, 1781, in-8°. Pie VI devait le charger d'une mission (dont on devine l'orientation) auprès de l'Assemblée Constituante où il siégeait comme représentant du Dauphiné.

(9) Cf. *Recueil de pièces en prose et en vers*, prononcées dans l'Assemblée Publique tenue à Montauban, dans le palais épiscopal, le 25 août 1742. A Toulouse, chez Jean François Forest, 1743, pp. 163-193.

(10) *Ibid.*, p. 168.

Rien n'indique jusqu'ici que les termes utilisés ("Lettres", "littérature") ne le soient pas dans leur acception traditionnelle, courante encore en 1742. La nouveauté se fait jour lorsqu'entre en scène la principale accusée de ce procès : la "philosophie". Bien que ce mot soit lui-même extrêmement difficile à définir dans les innombrables emplois qui en sont faits entre 1700 et 1759, nous pensons qu'il a joué un rôle dans la complexe évolution du mot "littérature". Face aux poètes et aux orateurs (quelquefois aux poètes, aux orateurs et aux historiens), Lefranc de Pompignan place tantôt les "Philosophes" (11) et les "Théologiens", tantôt les "géomètres" et les "métaphysiciens", tantôt ceux qui s'occupent d'"Astronomie et d'Algèbre". Ce n'est pas que les seconds soient, par nature, si l'on peut dire, plus coupables de "philosophie" que les premiers. Le nouveau fléau n'est pas à proprement parler une "faculté" comme l'on disait alors, c'est à dire un domaine particulier du savoir ou du travail intellectuel. L'auteur nous apprend toutefois que :

"(la Philosophie) a passé des Cabinets des Sçavans et des Ecoles où on l'enseigne, dans les Compagnies du Monde où l'on n'espéroit pas qu'elle dût jamais pénétrer. Ele y est à la vérité moins épineuse et moins hérissée, mais toujours aussi pointilleuse, aussi amie des disputes, aussi féconde en systèmes (12)".

Comme on le voit, le déplacement sociologique correspond à une sorte de contamination formelle. La "philosophie", dont la mode se répand fâcheusement, ne serait déplorable que dans la mesure où elle finit par porter atteinte à la qualité des ouvrages que l'auteur range dans la catégorie des "Lettres" ou des "Belles-Lettres". En réalité, à lire l'Essai Critique, on a le sentiment que l'opposition entre les Lettres et les Sciences ne fut, à l'origine, qu'une habileté polémique. Le tout jeune évêque du Puy n'est guère convaincant lorsqu'il dit ne pas s'intéresser aux méfaits de la "philosophie" dans le domaine religieux :

"Ne parlons pas des suites dangereuses que (ce goût philosophique) peut avoir pour la Religion ; disons seulement que par raport (sic) aux lettres, c'est une des sources principales des abus qui s'y glissent tous les jours (13)".

N'est-ce-pas toute la stratégie du camp "anti-philosophique" qui se trouve ainsi dévoilée ? Si le vrai problème de fond est, apparemment, laissé de côté, c'est que l'on espère un meilleur résultat en portant le combat sur un autre terrain. On réduit, d'une part, la "philosophie" à une simple manie : le goût de "subtiliser" et de "tout réduire en système" (14). On déplore ensuite les ravages qu'elle provoque sur une certaine catégorie d'ouvrages arbitrairement isolée pour les besoins de la cause. Nous avons vu que les "Belles-Lettres", avant 1743, désignaient parfois un type particulier d'ouvrages. Mais elles n'en restaient pas moins une simple catégorie parmi d'autres

---

(11) Le mot renvoie ici à ceux qui s'appliquent à la 'Philosophie', dans le sens ancien de ce terme qui désignait, en particulier, toutes les disciplines que nous appelons aujourd'hui les sciences.

(12) ouvr. cité., pp. 174-175.

(13) Ibid., p. 175.

(14) Ibid., p. 179.

catégories. Considérées à part, dans le cadre du combat "philosophique", elles en viennent à constituer un ensemble qui s'oppose à l'ensemble de tous les autres ouvrages. Lefranc de Pompignan est le premier, croyons-nous, à utiliser le mot "littérature" comme un synonyme de ces "Belles-Lettres" ou "Lettres" (15) qui sont la victime désignée de la "philosophie". On comprend que l'enjeu du débat débordait le cadre de ce que nous appellerions aujourd'hui l'esthétique littéraire en voyant la conclusion que tire l'auteur de l'*Essai Critique* :

> "Je souhaiterois qu'on établît dans la République des Lettres une Police plus exacte et plus sévère. Je voudrois qu'il ne fût pas permis à tout homme indifféremment de faire part au public de ses pensées, et qu'au moins un Auteur convaincu d'avoir violé dans un ouvrage toutes les règles du bon sens, ne fût admis à reparoître sur la scène qu'après avoir donné des bonnes preuves qu'il s'y montreroit avec plus de décence et de dignité (16).

Derrière l'intention affichée d'analyser la décadence que provoque la "philosophie", se profile le souhait que l'on s'attaque à la personne même de ceux qui se flattent de porter le nom de "philosophe". Il n'est pas impossible que les premiers de ceux-ci aient contribué à déplacer un débat de fond sur le seul terrain du "goût". La défense du rationalisme cartésien n'avait-elle pas été présentée, chez Fontenelle par exemple, comme l'éloge d'un certain tour d'esprit :

> "Les Mathématiques n'ont pas seulement donné depuis quelque temps une infinité de vérités de l'espèce qui leur appartient, elles ont encore produit assez générablement dans les esprits une justesse plus précieuse peut-être que toutes ces vérités" (17).

> "L'ordre, la netteté, la précision, l'exactitude qui règnent dans les bons livres depuis un certain temps, pourroient bien avoir leur première source dans cet esprit géométrique qui se répand plus que jamais, et qui en quelque façon se communique de proche en proche à ceux mêmes qui ne connoissent pas la géométrie" (18).

L'une des origines de la notion moderne de littérature (19) est donc liée au débat entre les "géomètres" ou "philosophes" et leurs adversaires. Sur le plan du vocabulaire, et dans le secteur qui nous intéresse, il se concrétise peu avant 1750 par les acceptions nouvelles que prennent parfois les mots "Lettres", "Belles-Lettres" ou "Littérature". Evolution limitée et discrète encore à la fin de notre demi-siècle mais qui ajoutera à la confusion que nous avons évoquée au début de ce chapitre.

---

(15) Cf. *Ibid*, p. 189. L'auteur procède à une énumération qui tient lieu de définition : "Le Poème épique, la Tragédie, la Comédie, l'Ode, la Fable l'Histoire, l'Eloquence".

(16) *Ibid.*, p. 188.

(17) Préface de l'*Histoire de l'Académie des Sciences*, ouvr. cité, t. X, p. 7.

(18) "Sur l'utilité des Mathématiques et de la Physique et sur les travaux de l'Académie, *ibid*. t. V, p. 12.

(19) Il ne s'agit encore que d'un seul élément de la notion moderne : une catégorie particulière d'ouvrages et qui se définit d'abord par oppsition à l'ensemble des autres ouvrages. L'évolution se poursuivra longtemps avant que la notion moderne soit intégralement constituée.

"Littéraire"

En ce qui concerne l'adjectif qui est au centre de nos préoccupations il avait été fréquemment employé avant son enregistrement (ou son ré-enregistrement) dans l'édition de 1721 du *Dictionnaire de Trévoux*. Sa valeur est directement liée, comme on pouvait le prévoir, à la valeur commune des mots "Lettres" et "Littérature" en vigueur pendant la plus grande partie de la première moitié du XVIIIe siècle. Ainsi que nous l'avons laissé entendre, le flou qui caractérise les définitions de ces deux termes s'explique par l'ampleur de la réalité qu'ils désignent : toutes les activités possibles du travailleur intellectuel, ou tous les domaines auxquels celui-ci peut s'appliquer. Leur effet de "résonance" sur l'adjectif serait attesté, s'il en était besoin, par la filiation étymologique dont font état, à l'époque, les dictionnaires de langues anciennes. Ainsi le *Lexicon Philologicum* de Martini (20) définit "literarius" par la formule : "quod ad literas pertinet", reprenant à peu de chose près l'ancien *Thesaurus* d'Estienne (21). En 1727, Gaudin (22) peut traduire : "qui concerne les lettres" ; à cette date la valeur courante du mot "Lettres", permet de comprendre que l'adjectif s'applique à un domaine également vaste (23). Ainsi, dans l'immense majorité des cas, de 1700 à 1750, l'histoire littéraire concernera tous les travailleurs intellectuels sans distinction de spécialité et tous les aspects du travail intellectuel en général.

La définition que donne le *Dictionnaire de Trévoux* en 1721 présente, pour le lecteur d'aujourd'hui, le grand intérêt d'être surprenante :

"Littéraire : qui appartient aux Lettres ou aux Sciences.
Litterarius, a : ad litteras scientiasque pertinens".

Il serait tout à fait erroné de supposer que le "ou" de la première partie de la définition (ou le "que" de la seconde partie) correspond à une dichotomie entre les "Lettres" et les "Sciences" identique à celle qui est en vigueur depuis le XIXe siècle. Comme nous l'avons vu, les deux termes désignent la même totalité envisagée selon deux points de vue différents. Et nous en voyons la meilleure preuve dans le fait qu'un seul et même adjectif peut leur correspondre (24).

Après avoir défini celui-ci, les lexicographes jésuites attribuent à la Compagnie le mérite de l'avoir forgé :

---

(20) Trajecti ad Rhenum (Magdebourg), 1697

(21) Cf. par exemple la réédition de 1636 du *Dictionarium Seu Latinae Linguae Thesaurus*.

(22) Cf. *Thesaurus Trium Linguarum*, Lemovicis, 1727

(23) La demi-inexactitude de la filiation étymologique donnée par Littré est significative : "Littéraire, lat. litterarius de litterae, les Belles-Lettres". Le lexicographe du XIXe siècle tenant seulement compte du sens qu'avait le mot "littérature" à son époque, rattache l'adjectif au mot "litterae" dont il restreint le sens d'une façon absolument arbitraire. Cette erreur, montre qu'une étape décisive est déjà franchie dans l'oubli de l'ancienne histoire "littéraire" . . . .

(24) Il faut remarquer que l'Edition de 1752 du *Dictionnaire de Trévoux* reprendra exactement la définition donnée en 1721.

"Ce mot, ajoutent-ils, est nouveau mais il est établi : *les Mémoires de Trévoux* lui ont donné cours. On dit que c'est le père Bouhours qui fit ce mot, lorsque ces Mémoires commencèrent, pour donner un titre au dernier article que l'on projettoit de faire et que l'on exécute (sic) en effet, et qui contient ce qu'il y a de nouveau dans les Lettres ou les Sciences, et auquel ce Père donna le titre de Nouvelles Littéraires. Le Public l'a autorisé et les gens de Lettres se demandent souvent quand ils se voient : N'y a-t-il point de Nouvelles Littéraires ?

Le dernier article en question est évidemment la rubrique finale qui devait figurer dans chaque livraison du périodique. En réalité, la Préface de la première livraison, en une formule que nous avions citée partiellement, annonce que :

"Ces *Mémoires* comprendront (encore) toutes les nouvelles des Lettres, par exemple, la mort des personnes distinguées dans les sciences, supposé qu'elles aient imprimé quelque chose (25)".

Ce n'est là, si l'on suit l'ordre observé dans cette préface, que la troisième partie d'un programme composé de onze paragraphes qui correspondent à six objectifs principaux. La promesse n'est d'ailleurs tenue ni pour le premier ni pour le second volume. En revanche, la livraison de "May-Juin 1701" s'achève par une rubrique des "Nouvelles de Littérature". Il en va de même pour toutes les suivantes, jusqu'à ce que celle d'avril-mai 1702 instaure, enfin, le règne de la rubrique finale des "Nouvelles Littéraires". La précision de l'article du *Dictionnaire* de 1721 laisse donc quelque peu à désirer. Mais il n'aura pas été inutile pour nous de voir, successivement utilisées au tout début du siècle, les formules "nouvelles des Lettres", "nouvelles de Littérature", et "nouvelles littéraires" dont nous connaissons maintenant l'exacte portée.

Bien que notre propos ne consiste pas à fixer la date de la première apparition des termes dans un texte français imprimé, il nous serait facile de montrer que le Père Bouhours n'est pas le créateur de l'adjectif "littéraire". Dix ans avant que ne soit instaurée la rubrique des "Nouvelles literaires" dans le périodique jésuite, Bayle parlait déjà de "Disputes Littéraires" (26), pour désigner les querelles qui s'élèvent entre les "gens de Lettres". Pourtant, les emplois de l'adjectif dans ce sens n'abondent pas au XVIIe siècle. Il est très vraisemblable que l'adjectif latin "litterarius" (ou "literarius"), qui pouvait désigner aussi ce qui se rapporte à l'école (27), a longtemps empêché que l'adjectif français ne se répande pour désigner exclusivement ce qui se rapporte aux "Lettres" en général. Von Wartburg lui-même dans son grand

---

(25) *Mémoires de Trévoux*, vol. I, janvier-février 1701, Préface, paragraphe n° 4.

(26) Cf. *Projet d'un Dictionnaire critique*, réimprimé dans l'édition de 1734 du *Dictionnaire Historique et Critique*, t. V, p. 702.

(27) Cf. L'exemple de Pline donné dans le *Thésaurus* d'Estienne ; en 1727, Gauden fournit un exemple équivalent extrait de Quintilien, mais il donne une priorité significative au sens général. On sait que le latin "litterator" désignait un "maître de grammaire" et qu'il "adapte au XVIIIe siècle sa signification à celle de "littérature" (Bloch et Wartburg, *Dictionnaire Etymologique de la langue française*, Paris 1964).

Französisches Etymologisches Wörterbuch (28) semble reconnaître aux jésuites le mérite d'avoir rendu courante l'acception nouvelle d'un adjectif que le français avait depuis longtemps emprunté au latin.

Au demeurant, si l'on veut bien se placer sur un plan historique plus général, on reconnaîtra que l'erreur de détail correspond à l'exacte appréhension d'un phénomène d'ensemble. Ayant montré dans notre premier chapitre le rôle décisif qu'avaient joué les périodiques dans l'évolution de la traditionnelle "Histoire Littéraire des Sçavants", nous comprenons que l'on ait pu faire dépendre d'un journal le succès de l'adjectif "littéraire". Succès préparé, en quelque sorte, par les titres des premiers périodiques, du *Journal des Savants* aux *Nouvelles de la République des Lettres* ; puis confirmé bien peu après 1702, puisque l'abbé Tricaud publie une *"Gazette Littéraire"* à partir de 1703, un *"Journal littéraire"* en 1705. Ce dernier titre sera repris en 1713 par Alexandre, Marchand, Sallengre et S'Gravesande dont le *Journal Littéraire* paraîtra périodiquement jusqu'en 1722. Dès 1709, d'ailleurs, Charles Ancillon utilise couramment l'expression "Nouvelles Littéraires" pour désigner le périodique de Basnage de Beauval (*Histoire des Ouvrages des Savants*) ou l'expression "Nouvelles Littéraires de Hollande" pour désigner celui de Bayle (29). A cette date l'adjectif "littéraire" se trouvait sans doute étroitement lié, dans la conscience (ou l'inconscient) des lecteurs, aux périodiques et à leur fonction. Il y a fort à croire que les décennies suivantes sont venues affermir cette perception. En utilisant le recensement effectué par G. Bonno (30) on constate en effet qu'un quart environ des périodiques publiés entre 1700 et 1760 comportent l'adjectif "littéraire" dans leur titre (trente neuf titres sur cent soixante-douze). Il apparaît également que la proportion s'élève à 30 % pendant la période 1720-1740. De 1700 à 1740, enfin, le nombre des périodiques comportant l'adjectif "littéraire" dans leur titre croît en même temps que le nombre total des périodiques (1700-1710 : 2/9 ; 1710-1720 : 3/16 ; 1720-1730 : 9/28 ; 1730-1740 : 8/29). Le sens du qualificatif est approximativement le même dans tous ces cas : la préoccupation des journalistes s'étend à tout ce qui concerne la République des Lettres. L'article "Journaux Littéraires", introduit dans l'édition de 1759 du *Dictionnaire de Trévoux,* est une histoire abrégée de tous les périodiques et l'on y parle aussi bien des *Nouvelles découvertes dans toutes les parties de la Médecine* du Sieur de Blégny que de *l'Europe Savante* ou des *Nouvelles Littéraires*. Les ouvrages périodiques sont précisément ceux dans lesquels trouvaient place toutes les variétés possibles de l'Histoire "littéraire" de l'époque. Au cours de notre demi-siècle, l'adjectif "littéraire" fut évidemment accolé à bien d'autres substantifs. Mais nous pensons avoir contribué à la

---

(28) Cf tome V, Basel 1948 – Art. "littéraire" "relatif aux lettres ; qui appartient aux lettres (1527 ; Cotgr. 1611 ; Oud. 1660 ; seit. 1701). Cette dernière date laisse supposer que l'auteur se fie au *Dictionnaire de Trévoux* mais ne s'est pas reporté aux premières livraisons des *Mémoires de Trévoux*.

(29) Cf. *Mémoires concernant les Vies et les Ouvrages de plusieurs Modernes Célèbres, dans la République des Lettres*, par Mr. Ancillon, Amsterdam, 1709, p. 282, p. 296.

(30) "Liste chronologique des Périodiques de Langue Française du Dix-Huitième Siècle, dans : *Modern Language Quarterly*, n° 5, 1944 pp. 3-25.

restitution de son sens premier en français, en liant sa valeur et son essor à ceux des journaux.

Histoire Littéraire

Si nous ne voulons pas accorder à ces derniers une importance qui risquerait de fausser la portée de notre étude lexicologique, nous pouvons les utiliser sans artifice pour passer du qualificatif à "l'histoire littéraire" elle-même. C'est un périodique, en effet, qui a porté pour la première fois, sauf erreur, le titre d'"Histoire Littéraire". Il s'agit de la *Bibliothèque anglaise ou Histoire Littéraire de la Grande-Bretagne,* ouvrage publié à Amsterdam par Michel de la Roche, puis par Armand de la Chapelle, à partir de 1717 (31). Trois ans plus tard, Lenfant, Beausobre, et Mauclerc, que le succès de leurs prédécesseurs avait sans doute frappés, reprennent le titre pour une publication du même genre, la *Bibliothèque Germanique, ou Histoire Littéraire de l'Allemagne, de la Suisse et des Pays du Nord* (31). Il faut attendre 1723 pour trouver une *Bibliothèque Française ou Histoire Littéraire de la France* qui paraîtra à Amsterdam jusqu'en 1742. L'idée de l'entreprise et les trois premiers volumes sont dûs à Denis François Camusat dont tous les ouvrages touchent, de plus ou moins près, à l'histoire littéraire (32). Goujet et Granet figurent parmi les rédacteurs occasionnels, ainsi que le "libraire ex-jésuite" Du Sauzet qui imprime les livraisons successives et qui deviendra, à partir de 1732, le principal responsable de la publication. Dans l'intervalle avaient paru, à partir de 1726, une *Histoire Littéraire de l'Europe,* puis une *Bibliothèque italique ou Histoire Littéraire de l'Italie* à partir de 1728 (31). Cette date marqua sans doute une évolution importante dans l'histoire de mot et du phénomène qui nous intéressent. Les auteurs de périodiques semblent renoncer alors à l'exploitation de ce qui avait été, pendant une décennie, un titre à succès : une seule nouvelle histoire littéraire périodique verra le jour entre 1728 et 1760 (33). Sans doute certaines de celles que nous venons de citer vont-elles poursuivre leur carrière. Mais c'est l'année même où la première d'entre elles cesse de paraître que le bénédictin Dom Rivet publie, selon la coutume de l'époque, le "Prospectus" de sa grande *Histoire Littéraire de la France,* dont le premier volume paraîtra en 1733. Les volumes suivants paraîtront, certes, avec une belle régularité, au moins jusqu'au neuvième en 1750. Mais la périodicité n'a plus rien ici d'un principe de composition. En outre, et à l'inverse des journalistes, le savant bénédictin, retiré à l'abbaye Saint Vincent du Mans, se tient loin de l'actualité "littéraire" : la mort interrompt son travail en 1749 au moment

---

(31) Cf. G. Bonno, art. cité.

(32) Cf. Jean Sgard : *"D.F. Comusat et l'Histoire Critique des Journaux"* communication aux Journées d'Etudes d'Utrecht (9-10 janvier 1970), dans l'*Etude des périodiques anciens,* Nizet, 1973.

(33) Il s'agit de la *Nouvelle Bibliothèque ou Histoire Littéraire des principaux écrits qui se publient.* Seize volumes paraîtront à la Haye de 1738 à 1744.

où il aborde la renaissance des "lettres" françaises du XIIe siècle (34). Une dernière différence enfin le sépare de ceux auxquels il paraît avoir emprunté son titre : il ne sera guère imité. Deux auteurs seulement, jusqu'au milieu du siècle, s'appliqueront à l'histoire littéraire dans un esprit analogue. L'abbé Goujet tout d'abord dont la *Bibliothèque Française ou Histoire de la Littérature Française* paraît en dix-huit volumes de format in-12 de 1740 à 1756. Il serait gravement inexact de supposer que ce titre nouveau annonce un ouvrage d'un type nouveau. Il se trouve que l'auteur, comme nous l'avons dit ci-dessus, avait déjà collaboré à une *Histoire littéraire de la France*, périodique qui paraissait encore en 1740. Soucieux de ne pas égarer les lecteurs, soucieux également de ne pas trop apparaître comme le concurrent de Dom Rivet dont les travaux forçaient l'admiration, il a recours à une formule légèrement différente. En réalité, la suite de son titre permet de voir que son projet est seulement plus limité, dans le temps, que celui de bénédictin : *l'Histoire de la Littérature Française* montrera "l'utilité que l'on peut retirer des livres publiés en Français depuis l'origine de l'imprimerie, pour la connoissance des Belles-Lettres, des Sciences et des Arts (...)". La seconde entreprise qui s'inscrit dans la ligne de celle de Dom Rivet est plus limitée encore puisqu'elle ne s'intéresse qu'à la période correspondant au siècle de Louis XIV. Le Père Lambert eût sans doute pu appeler "Histoire de la Littérature sous le règne de Louis XIV" l'ouvrage qu'il publie en 1751 (35) sous le titre *Histoire littéraire du règne de Louis XIV*.

Cette série de titres, qui nous a permis de montrer à quelle époque le terme "histoire littéraire" s'impose définitivement dans la langue française, contribue également à rétablir sa signification. Il est surprenant de voir que les premiers ouvrages intitulés "histoire littéraire de la France" ont été publiés à l'étranger. Le fait tient évidemment à la dispersion de l'intelligentsia française depuis la Révocation de l'Edit de Nantes. Mais l'événement ne suffit pas à expliquer le phénomène littéraire. Aussi retiendrons nous surtout ici, à propos des périodiques, l'idée que l'histoire littéraire joue, pour la République des Lettres, un rôle que nous appellerions aujourd'hui un rôle d'information. Mais il ne s'agit plus de l'ancienne "histoire littéraire des scavans". Si les intellectuels de langue française, se trouvant dispersés, ont besoin de se renseigner mutuellement sur leurs carrières et leurs travaux, ils rédigent les nouvelles de la République des Lettres à l'intention d'une très vaste partie du public lettré de l'époque. L'histoire littéraire, lorsqu'elle prend la forme d'un périodique est le signe que le destin des littérateurs, — vies et œuvres restant toujours inséparables —, devient l'une des préoccupations de ce que l'on appelle parfois la "société". Mais cet intérêt ne porte pas exclusivement sur l'actualité. Et il n'est pas moins surprenant de constater que le terme "Histoire Littéraire" désigne aussi bien de

---

(34) L'étude la plus complète publiée à ce jour sur ce sujet est dûe à M. Lecomte : "L'Histoire Littéraire de la France par Dom Rivet et autres. Les Auteurs et l'Œuvre", dans *Revue Mabillon*, n° 3 pp. 210-251 et n° 4, pp. 253-285.

(35) En trois volumes in-4°.

gigantesques entreprises d'érudition que d'éphémères nouvelles bio-bibliographiques. Pourtant, s'il y a là un témoignage de la diversité des formes et des objectifs de "l'histoire littéraire" de l'époque, nous ne devons pas oublier que les titres et les ouvrages de Dom Rivet et de Goujet apparaissent comme des événements isolés et que les ouvrages n'ont point rempli les promesses des titres. C'est pourquoi nous croyons bon de n'insister, ici encore, que sur cette synonymie de "l'histoire littéraire" et de "l'histoire de la littérature" qui vient confirmer les conclusions des études lexicologiques précédentes.

Mais l'étude de quelques titres serait insuffisante pour reconstituer l'histoire d'un terme que les dictionnaires de l'époque ne définissent point (36). Il avait été utilisé bien avant d'apparaître dans un titre pour la première fois, croyons-nous en 1717. Il n'y aurait guère d'intérêt à rechercher la date de sa toute première apparition. Celle-ci doit avoir coïncidé, approximativement, avec la transformation décisive de "l'histoire littéraire des Sçavans" que nous avons analysée dans le chapitre premier (cf. III – B). Deux termes latins la désignaient traditionnellement. Ils furent alors traduits, mais il est fort probable que les appellations latines et françaises ont été indifféremment utilisées pendant toute la période de transition. Il s'agit d'abord de l'"Historia Litteraria". Plusieurs ouvrages paraissent sous ce titre en Europe durant la seconde moitié du XVIIe siècle. Celui de Lambecius (37) reste longtemps à l'état de projet, mais l'*Historia Literaria* de

(36) Une impitoyable condamnation de la "lexicologie impressioniste" a été récemment formulée. Cf. *Livre et Société dans la France du XVIIIe siècle*, II, éd. Mouton, Paris – la Haye 1970, pp. 95-99 : "Histoire et linguistique" par F. Furet et A. Fontana et pp. 101-119 : "L'ensemble histoire" par F. Furet. On nous permettra de mettre en doute l'intérêt de la lexicologie non-impressioniste, au vu des résultats qu'elle propose en ce qui concerne l'histoire littéraire. Le "syntagme Histoire Littéraire" apparaît rarement (vingt occurences), nous apprend-on p. 115, dans le "corpus" que constitue la "liste chronologique de tous les titres d'ouvrages qui entre 1723 et 1789, ont fait l'objet d'une demande de privilège" (p. 97). Mais combien de demandes de privilèges a-t-il fallu déposer à Paris pour publier, à Amsterdam la *Bibliothèque Anglaise ou Histoire Littéraire de la Grande-Bretagne* (17 vol. de 1717 à 1728), à Berlin la *Bibliothèque Germanique ou Histoire Littéraire de l'Allemagne* (50 vol. de 1720 à 1741), à la Haye l'*Histoire Littéraire de l'Europe* (6 vol. en 1726 – 1727), à la Haye encore, la *Nouvelle Bibliothèque des principaux écrits qui se publient* (16 volumes de 1738 à 1744) à Genève la *Bibliothèque Italique ou Histoire Littéraire de l'Italie* (16 volumes de 1728 à 1734), à Amsterdam même la *Bibliothèque Française ou Histoire Littéraire de la France* (34 volumes de 1723 à 1742) ? Il paraît fâcheux, pour s'en tenir aux seules histoires littéraires périodiques, d'oublier ces cent trente neuf volumes (ou "occurences" ?) lorsque l'on prétend reconstituer les "grandes articulations conceptuelles d'une époque" (page 119). Mais l'analyse du "corpus", dans ce secteur, est plus fautive encore que sa délimitation. "L'histoire littéraire, nous dit-on, p. 116, est un genre suffisamment constitué pour se suffire à lui-même ; dans cet interdit que "littéraire" jette sur les autres qualificatifs qui pourraient lui être accolés, on trouve sans doute la trace de cette prééminence des lettres sur tout l'héritage historique et sur la définition même d'une civilisation".

Il suffirait à peu près d'écrire le contraire pour approcher de la vérité. L'Histoire Littéraire Française commence tout juste alors à se "suffire à elle-même". Loin de pouvoir jeter des "interdits" elle en est encore à conquérir sa place au sein de "l'ensemble histoire". On sait enfin qu'elle n'est pas consacrée à ces seules "Lettres", que l'on entend évidemment ici et à tort au sens moderne d'ennemi (es) de la Science, et dont on est apparemment prêt à faire remonter la prééminence regrettable jusqu'au déluge.

(37) Le *"Prodromus Historiae litterariae"* annoncé en 1659 ne sera publié qu'en 1710 par Albert Fabricius avec plusieurs autres ouvrages latins du même genre. L'immense projet de Pierre Lambeck, une histoire littéraire universelle, est bientôt connu de tous les savants de l'Europe et souvent commenté.

Conringius paraît en 1664, celle de Paullus en 1671 et le premier volume du *Polyhistor* de Morhof, ouvrage d'histoire littéraire, consacre en 1688 un chapitre à la définition de "l'historia litteraria". Bien que tous ces ouvrages aient été publiés hors de France, nous savons qu'à cette époque existent des périodiques de langue française qui rendent compte en français de la plupart des ouvrages qui paraissent et n'omettent évidemment pas ceux qui traitent d'histoire littéraire. La prolifération des journaux écrits dans les langues nationales expliquera d'ailleurs l'entreprise de Corneille Beughem : sous le titre *Apparatus ad Historiam litterariam novissimam*(38), il publie un index des articles contenus dans les périodiques européens. Ce dernier exemple montre bien que, pendant la période de transition, les vocables latin et français ont dû être alternativement utilisés : la toute nouvelle "histoire littéraire" se trouve ici, à son tour, latinisée. Mais un autre terme latin était plus fréquemment employé. Comme nous l'avons vu, l'appellation "bibliotheca" est souvent celle des répertoires bio-bibliographiques traditionnels. Le mot passe directement en français dans le dernier quart du XVIIe siècle et, dès 1694, le *Dictionnaire de l'Académie Françoise* enregistre la nouvelle acception du mot "bibliothèque". Elle sera courante pendant toute la première moitié du XVIIIe siècle.

Nous avons d'ailleurs cité tout à l'heure une éloquente série de titres doubles : "Bibliothèque" ou "Histoire Littéraire de...". Mais les périodiques ne sont pas les seuls à illustrer ainsi la continuité entre l'ancienne histoire littéraire et la nouvelle. Ainsi Louis Ellies Du Pin publie-t-il, entre 1693 et 1715, plusieurs *Bibliothèques des Ecrivains Ecclésiastiques* et l'abbé Papillon, en 1742, une *"Bibliothèque des Auteurs de la province de Bourgogne".* S'il s'agit, avec les périodiques et les répertoires, de deux variétés distinctes d'histoire littéraire, c'est bien souvent sous le nom de "bibliothécaires" que l'on désigne l'ensemble des historiens littéraires (39).

L'absence du terme "histoire littéraire" dans les dictionnaires de l'époque trouve peut-être son explication dans le fait qu'en plus du mot "bibliothèque", plusieurs autres pouvaient être utilisés. Dans certains cas par exemple, il suffisait de pouvoir désigner certains secteurs de l'histoire littéraire et l'on parlait alors de l'histoire des universités ou de l'histoire des bibliothèques. Nous avons vu par ailleurs un Baillet parler de "l'histoire des Sçavans" ou des "Ecrivains d'Hommes Illustres". Et nous retiendrons pour terminer la liste des termes utilisés par Charles Ancillon lorsqu'il dresse un tableau général de l'histoire littéraire à la date de 1709 dans la Préface de ses

---

(38) Amsterdam, 1689-1701, 4 vol. in 12.

(39) C'est à tort que l'on cite parfois Claude Fauchet et Etienne Pasquier comme les premiers représentants de notre histoire littéraire moderne. (cf. par exemple les articles consacrés à ces auteurs dans le *Dictionnaire des Lettres Françaises, XVIe siècle*). Les notices "littéraires" contenues dans le *Recueil de l'origine de la langue et de la poésie françoise* ou dans les *Recherches de la France* ne paraissent modernes qu'à la condition d'être détachées et arbitrairement séparées des ouvrages dans lesquels elles sont incluses. Les vrais ancêtres que se reconnaissent nos historiens littéraires du XVIIIe siècle sont la Croix du Maine et du Verdier. La réédition de leurs *Bibliothèques Françoises*, préparée pendant toute la première moitié du siècle ne paraîtra qu'en 1772-1773 (6 vol. in 4°). Cf. la Préface de Rigoley de Juvigny en tête du premier volume.

Mémoires (40) : "listes et catalogues des Auteurs de leurs ouvrages", "bibliothèques", "histoire des Savans", "histoire des Lettres", "histoire littéraire". La diversité même de l'histoire littéraire et la relative incertitude de ses délimitations incitent à en rechercher une description concrète après avoir reconstitué quelques éléments d'une définition théorique.

II

LA CHOSE

Il ne s'agira ici que de descriptions d'ensemble et d'une évaluation générale de l'objet de l'histoire littéraire. Deux types d'ouvrages s'offrent à nous dans cette perspective : d'une part ceux qui proposent un classement de l'ensemble des productions imprimées ou des connaissances humaines ; d'autre part, celles des histoires littéraires dont le champ est le plus vaste, qu'il s'agisse des périodiques ou des grands ouvrages de synthèse.

Les Systèmes Bibliographiques

L'Histoire des classements bibliographiques mériterait d'être plus souvent étudiée par les modernes historiens littéraires (41). Nous contribuerons indirectement ici à cette tâche en rappelant la place qui fut accordée à l'ancienne histoire littéraire dans les classifications élaborées entre 1678 et 1778. L'un des premiers systèmes raisonnés est dû au père jésuite Garnier qui fut chargé de classer la très riche bibliothèque que la Compagnie conservait au Collège de Clermont (42). Il retient quatre grandes rubriques : Théologie, Philosophie, Histoire, Droit. Ce que nous appelons aujourd'hui la littérature ne fait qu'une section de la Philosophie. Quant à l'histoire littéraire elle n'apparaît que tout à fait à la fin de la rubrique histoire, et comme un appendice de l'Histoire Profane. L'auteur explique en effet :

"Tres sunt appendices, Historia Gentilia (il s'agit de l'Histoire Généalogique), Historia Literaria, Historia Iconologica" (43)

Il n'en donne pas moins le détail de cette "historia literaria" qu'il subdivise en cinq sous-sections : "Bibliotheca universalis Autorum" — "Bibliothecas particulares sex classibus distinctas" ("facultatum, nationum, or-

---

(40) Charles Ancillon : *Mémoires concernant les Vies et les ouvrages de plusieurs modernes Célèbres dans la République des Lettres,* Amsterdam 1709.

(41) L'ouvrage le plus utile en ce domaine, pour la période qui nous intérasse, est la *Bibliotheca Bibliographica* de J. Petzholdt, Leipzig, 1866. Toute la première partie est une Bibliographie de la Bibliographie et des systèmes bibliographiques. Voir aussi *la Bibliographie des Bibliographies* de L. Vallée, Paris, 1883.

(42) Cf. *Systema Bibliothecae Collegii Parisiensis Societatis Jesu,* Paris, 1678.

(43) *Ibid.,* p. 50.

dinum, academiarum, bibliothecarum, bibliopoliorum") – "Elogia Virorum literis insignorum, Artiscumque et Foeminarum" – "Historiam Academiarum" – "Historiam Typographiae".

Cette nomenclature donne l'impression que l'Histoire littéraire est une discipline déjà nettement définie, mais aussi que l'histoire de ce que nous appelons la littérature n'est pas de son ressort. Sur ce point Garnier n'allait pas être suivi. Au demeurant l'existence même de cette histoire littéraire restait encore incertaine. Lorsque le Père Ménestrier avait examiné les différents types d'Histoire en tête de son *Eloge de la Ville de Lyon* (1669) il avait seulement considéré l'Histoire sacrée, l'Histoire naturelle, l'Histoire civile, l'Histoire personnelle et l'Histoire singulière (c'est-à-dire celle des événements) ; notre histoire littéraire se trouvait ainsi partagée entre la troisième et la quatrième catégories. Elle acquiert presque son autonomie lorsque l'auteur, une trentaine d'années plus tard revient sur les "Divers Caractères des Ouvrages Historiques". Une nouvelle catégorie apparaît en effet entre l'histoire civile et l'histoire personnelle ; l'Histoire didascalique qui "représente, écrit Ménestrier, l'origine des Arts et des Sciences, leur progrez, leur décadence et leur rétablissement" (44). Cette appellation ne devait pas survivre à son auteur. Il semble bien d'ailleurs qu'à la fin du XVIIe siècle, en France, aucun système bibliographique fixe ne s'était imposé. Adrien Baillet n'avait-il pas proposé, pour ses *Jugemens des Savans,* un plan tout à fait original dans lequel l'Histoire littéraire se trouvait en tête et la théologie en sixième et dernière position ? (45). La première section concernait en fait les "Imprimeurs", "les Critiques", les "Grammairiens" et les "Producteurs". Baillet n'utilise donc pas le terme "histoire littéraire" et c'est parmi les "Critiques" que nous retrouvons nos historiens. Ils représentent sept des neuf subdivisions de cette catégorie :

– "les Critiques ou Bibliothécaires d'auteurs ecclésiastiques"
– "les Critiques ou Bibliothécaires d'auteurs ecclésiastiques Réguliers ou d'ordres Religieux"
– "les Critiques ou Bibliothécaires d'Auteurs ou d'Hommes Illustres recueillis par Provinces, ou par Villes, selon la différence des pays"
– "les Critiques ou bibliothécaires d'Auteurs, selon la profession des Arts et des Sciences".
– "les Critiques ou Bibliothécaires de Livres par simples Catalogues, Inventaires de Bibliothèques, de Librairies, de Cabinets, de Boutiques".
– "ceux qui ont traité des gens d'étude, et de la manière d'étudier".
– ceux qui ont dressé des systèmes d'Arts et de Sciences pour servir de plan aux études".

---

(44) *Les Divers Caractères des Ouvrages Historiques avec le Plan d'une Nouvelle Histoire de la Ville de Lyon,* Lyon 1694, p. 18.

(45) Ce plan date de l'édition in-12 publiée en 1685. Quelque peu remanié, il est publié à part en 1694. Les deux versions sont republiées par M. de la Monnoye en tête de la grande édition de 1722-1730, 8 vol. in 4°.

Cette description est, pour l'époque, et après celle de Garnier, la plus complète que nous ayons rencontrée. Si Baillet réserve une subdivision aux "bibliothécaires" des seuls livres (ceux que nous appellerions des bibliographes), nous savons que tous les autres "bibliothécaires" traitent à la fois des auteurs et de leurs ouvrages. Mais l'histoire littéraire incluait déjà, en général, les Vies ou Eloges des illustres de la République des Lettres. Bien qu'il donne une exacte définition des historiens littéraires en définissant les "Critiques" (46), Baillet, dans les premières éditions de son plan, dissémine biographies et éloges dans la section des Historiens. L'unité de l'histoire ne sera reconstituée que dans l'édition posthume de 1722 (47).

C'est à quelques grands libraires de la première moitié du XVIIIe siècle que revient le mérite d'avoir élaboré et imposé un système bibliographique fixe. Dès 1709, Prosper Marchand expose les principes d'un classement selon quatre grandes rubriques : "Bibliographia" – "Philosophia" – "Theologia" – "Historia" (48). C'est dans la première que seraient répertoriées certaines de nos "bibliothèques", leur intérêt apparaissant surtout bibliographique lorsqu'elles sont consultées par un libraire. Mais la plus grande partie de l'histoire littéraire se trouve regroupée, à la fin de la rubrique Histoire, comme dernière subdivision des "Paralipomena Historica", après l'"Historia Usualis Rituum variorum Orbis universi Popularum" et l'"Historia Genealogica". Nous retiendrons les principales sous-classes qu'il propose de distinguer :

Historia Litteraria, Seu Litterarum, Scientiarum et Artium, et Academiarum.

– Historia Litterarum, seu Tractatus (. . .) de Litterarum Origine et Progressu

– Historia Scientiarum et Artium Generatim (1 – Historiae Generales – 2 – Vitae Illustrium in Scientiis et Artibus)

– Historia artium Singulatim (1 – Historiae Artium : Graphicae, Typographiae, Picturae, Calchographiae, Sculpturae, etc. 2 Vitae illustrium in Artibus)

– Historia Academica, Seu Collegorum, Academiarum – Vitae illustrium in omni Statu.

– Excerpta, Loci Communes, Miscellanea et Dictionnaria Historica (49).

Certaines hésitations sont encore perceptibles ici, notamment en ce qui concerne les ouvrages d'histoire littéraire à dominante biographique. On remarque en outre que les périodiques ne figurent pas explicitement dans ce tableau (50). C'est le célèbre libraire parisien Gabriel Martin (51) qui devait instaurer le système que l'on observera pendant plus d'un siècle puisqu'il est

---

(46) "Ceux qui donnent la connaissance des Auteurs, des Livres, des affaires de la Littérature (sic) et généralement de tout ce qui s'apelle la République des Lettres".

(47) Nous ignorons si la modification est due à Baillet ou à La Monnoye.

(48) Cf. *Catalogus Librorum Bibliothecae Domini Joachimi Faultrier*, Paris, 1709, Praefatio seu Epitome Systematis Bibliographici, pp. I-LI.

(49) *Ibid.*, pp. L, LI.

(50) A la même époque ils sont inclus dans l'histoire littéraire par les savants allemands.

(51) Il composa, entre autres catalogues, ceux des Bibliothèques de Colbert, du Comte de Hoym, et de Gros de Boze.

encore retenu par Brunet dans son *Manuel du Libraire et de l'Amateur de Livres* (52). G. Martin distingue, comme on sait, cinq grandes disciplines : Théologie – Jurisprudence – Sciences et Arts, Belles-Lettres et Histoire. L'essentiel de notre histoire littéraire occupe l'une des dernières subdivisions de l'histoire profane :

> "L'histoire littéraire, académique et bibliographique comprend l'histoire des lettres et des langues et des sciences et des arts où il est traité de leur origine et de leur progrès ; histoire des académies, écoles, universités, collèges et sociétés de gens de lettres ; bibliographie ou histoire et description des livres" (53).

La subdivision suivante est réservée aux "Vies des personnages illustres", savants ou non. Ainsi, le maintien de la très ancienne catégorie des "Illustres" perpétue l'incertitude de la frontière entre l'Histoire et l'Histoire littéraire. Toutefois, certains émules de G. Martin fournissent parfois des descriptions plus complètes. C'est le cas du libraire Barrois par exemple :

> "Histoire des Lettres, des Académies, des Universités ; Histoire des Livres ou Bibliographies ; Bibliographes périodiques ; Catalogues de Bibliothèques ; Vies des Illustres" (54).

C'est également le cas de Piget qui n'omet pas d'ajouter à cette énumération l'histoire des Biblothèques (55). Il apparaît, au total que l'histoire littéraire se trouve délimitée, avec une assez grande précision, à mesure que s'impose un mode de classement uniforme. Ce parallélisme d'évolution s'explique par le fait que l'histoire des systèmes bibliographiques fait elle-même partie d'une section que l'on définit avec un soin particulier.

Si, au terme du demi-siècle, l'histoire littéraire a trouvé sa place et son unité dans les classifications générales, c'est que les ouvrages évoquant travaux et travailleurs intellectuels ont pris alors une grande importance. Importance quantitative d'abord. Nous en avons un témoignage impressionnant avec les éditions successives de la *Bibliothèque Historique de la France* du Père Le Long. En 1719, l'histoire littéraire se trouve incluse dans l'"histoire civile" dont elle occupe les dernières subdivisions. Elle représente, si l'on fait le compte des articles, moins de 4 % de l'ensemble des ouvrages répertoriés (56). On sait que M. Fevret de Fontette donne, un demi-siècle plus tard une édition revue et considérablement augmentée (57). Si la multiplication générale des ouvrages d'Histoire est impressionnante, celle des ouvrages d'histoire littéraire l'est plus encore : ils représentent en effet près de 10 % de l'ensemble (58). Cédant eux-mêmes à la pression des chiffres, les

---

(52) Paris, 1865, Tome VI, Table.

(53) Résumé du libraire David l'aîné dans l'Article "Catalogue" de *l'Encyclopédie*.

(54) Cf. *Catalogue des Livres de Denis Guyon*, Paris, 1759, fin de la section "Histoire".

(55) Cf. *Catalogue des Livres de Mxx* (Turgot de Saint-Clair) – Paris 1746. Signalons que l'abbé Girard avait laissé dans ses manuscrits un système fort original, dans lequel l'histoire littéraire se trouvait partagée entre la section "Personiologies" (sic) et la section "litterologie" ; cf. l'article "Catalogue" de *l'Encyclopédie* ou le *Manuel Bibliographique* de G. Peignot Paris 1800 pp. 67-69.

(56) Sept cents articles environ sur un total de dix-huit mille.

(57) Paris, 1768-1778, 5 vol. in-folio. La première édition était en 2 vol. in-folio.

(58) Quatre mille articles sur quarante huit mille environ.

nouveaux éditeurs créent une nouvelle section. L'histoire littéraire apparaît ainsi, détachée, à la suite de l'Histoire Ecclésiastique de l'Histoire Politique et de l'Histoire Civile. Un "Avant-propos" anonyme (59) justifie cette innovation :

> "Nous avons cru pouvoir donner le nom d'histoire littéraire, à la suite des ouvrages qui concernent la Littérature de France, comme les Histoires des Universités, des Académies, des François qui se sont le plus distingués dans les Sciences et dans les Beaux-Arts, des Dames Sçavantes et autres femmes célèbres dont on n'a pas eu encore l'occasion de parler. Tout cela n'occupoit, dans l'édition du Père Le Long que les deux derniers chapitres de l'Histoire Civile et de son ouvrage ; mais, comme nous les avons beaucoup augmentés, il nous a paru convenable d'en composer un livre et d'en disposer autrement les parties".

Un siècle après le Système du Père Garnier l'histoire littéraire a donc cessé d'être un "appendice" : elle peut, à elle seule, constituer l'une des grandes catégories de l'Histoire. Indéniablement sa croissance avait eu une signification "idéologique", que le témoignage des responsables de l'*Encyclopédie* illustre de façon éloquente. Dans le "Système figuré des connaissances humaines" emprunté à Bacon (60) on se souvient que la branche "Mémoire" porte à la fois l'Histoire sacrée, l'Histoire Ecclésiastique, l'Histoire Civile et l'Histoire Naturelle. Le troisième rameau reste sommairement dessiné, mais nous voyons qu'il porte à son tour "l'Histoire Civile proprement dite" et "l'Histoire littéraire". Si, pour cette dernière, aucune subdivision n'est fournie dans le "Système figuré", Diderot dégage la portée de la bipartition dans son "Explication détaillée du système des connaissances humaines", jointe au *Prospectus :*

> "Les Sciences sont l'ouvrage de la réflexion et de la lumière naturelle des hommes. Le chancelier Bacon a donc raison de dire dans son admirable ouvrage "De dignitate et augmentc scientiarum, que l'Histoire du Monde sans l'Histoire des Savans, c'est la statue de Poliphème à qui on a arraché l'œil".

La référence au Cyclope fils de Neptune nous fait comprendre que le partage est ici d'ordre en quelque sorte spirituel et non pas d'ordre quantitatif. Le *Prospectus* ayant déclenché une polémique dans laquelle le Père Berthier est le principal adversaire des "philosophes" (61), d'Alembert consacre une bonne partie du "Discours Préliminaire" à justifier les nouvelles classifications proposées en même temps que l'ensemble de l'entreprise "encyclopédique". Traitant en particulier de l'histoire littéraire, il en dégage, de façon polémique mais significative, l'importance "philosophique" :

---

(59) Au début du premier volume ; Fevret de Fontette mourut en 1722 alors que le second volume venait de paraître. Il s'était déchargé, dès 1764, du soin de l'édition sur Barbeau de la Bruyère qui signe "l'Avertissement" placé en tête du premier volume. Nous ignorons comment et par qui a été prise la décision de créer une nouvelle section.

(60) Il figure dans le "Prospectus" rédigé par Diderot en 1750 puis en tête du tome I paru en 1751.

(61) Cf. J. Proust, *Diderot et l'Encyclopédie*, Paris 1967, chap. II pp. 61-63.

"L'histoire de l'homme a pour objet ou ses actions ou ses connaissances, et elle est, par conséquent, civile ou littéraire, c'est-à-dire se partage entre les grandes nations et les grands génies, entre les rois et les gens de lettres, entre les conquérants et les philosophes" (62).

Cette phrase apparaît comme l'aboutissement d'une longue évolution. Dans cette Histoire, qui sans eux n'eût jamais été, les travailleurs intellectuels tentent de donner une place de toute première importance à leur propre histoire.

Les Programmes d'Histoire littéraire

Indications lexicologiques et systèmes bibliographiques nous ont déjà fourni les grands traits d'un tableau d'ensemble de l'histoire littéraire. Celui-ci mérite néanmoins d'être complété sur certains points. Les programmes, définis dans les ouvrages spécifiquement consacrés à l'histoire littéraire vont nous permettre d'en dégager plus fortement la complexité et l'unité.

A première vue les ouvrages traitant "d'histoire litteraria" (et dont nous savons que les auteurs germaniques s'étaient fait une spécialité) sont quelque peu déroutants. Pour comprendre leur exacte destination, il faut plus encore que cet effort d'accommodation évoqué au début du présent chapitre. Lorsque G.B. Struve, par exemple, publie l'ouvrage qui devait le rendre célèbre dans toute l'Europe (63), il évoque, certes, les bibliothèques, les journaux, les biographies, certaines bibliographies, les sociétés littéraires, l'histoire de l'imprimerie. Mais sur chacun de ces chapitres il se contente de donner ce que nous appellerions aujourd'hui une bibliographie commentée. C'est pourquoi sans doute les continuateurs du bibliothécaire et professeur de l'Université de Iéna changent le titre de l'ouvrage à partir de l'édition de 1754 : l'Introductio devient une Bibliotheca Historiae Literariae. Cette histoire littéraire était bien en effet, et dès sa première édition, une bibliographie ou une histoire de l'histoire littéraire. Or Struve n'était point un novateur. Son plus illustre prédécesseur, D.G. Morhof, n'avait pas procédé différemment (64). Son Polyhistor Literarius est significatif par l'abondance même des sujets qu'il traite. A ceux que retiendra Struve s'ajoutent en effet des indications sur les différents types d'esprits, sur l'art de composer ou sur l'art d'enseigner. Comme l'écrivait récemment un libraire parisien :

"Cet ouvrage est une sorte d'introduction savante aux études les plus variées dans la littérature et les sciences" (65).

---

(62) D'Alembert, *Discours Préliminaire de l'Encyclopédie*, éd. Gonthier Paris 1965 p. 65.

(63) G.B. Struve, *Introductio ad notitiam rei litterariae et usum bibliothecarum*, Iena 1703. L'ouvrage sera complété et réédité tout au long du siècle, en 1710, 1729 et 1785.

(64) D.G. Morhof, *Polyhistor, literarius, philosophicus et praticus*. le premier volume ("literarius") est publié à Rostock en 1688. l'ensemble de l'ouvrage en 1695. Le Polyhistor sera complété et réédité en 1732 et 1747.

(65) *Bibliographes – Bibliographies* (1494-1802), Catalogue n° 192 de la Librairie Paul Jammes, 3, rue Gozlin, Paris, article n° 208.

Struve lui-même devait d'ailleurs rapprocher l'historia litteraria d'une "polymathia" (66). Le terme "mathesis" désignant à la fois l'action d'apprendre et la connaissance, on comprend que les ouvrages d'historia litteraria apparaissent comme de véritables guides du travail intellectuel en général. Sans être des encyclopédies ni des manuels pédagogiques ils fournissent à la fois les références de tous les répertoires existants et celles des ouvrages qui préparent concrètement l'accès à la connaissance et à la création. Il est frappant de voir le grand érudit allemand Jean-Albert Fabricius réunir en 1710 pour une commune réédition, le *Prodromus Historiae litterariae* de Pierre Lambeck et le traité du Père Fichet *Methodi Studiorum Arcanae*. Sous cette forme érudite l'histoire littéraire tenait donc essentiellement de la bibliographie. Elle présentait en outre un caractère didactique marqué : il n'est pas impossible que les littérateurs français (qui connaissaient bien l'historia litteraria même s'ils la pratiquaient peu) aient tardé pour cette raison à franciser le terme "historia litteraria".

La translation s'effectuera plus aisément à l'occasion du développement d'un genre nouveau d'histoire littéraire : les périodiques. La passion de ces derniers, est, à la fois, très proche de celle de l'historia litteraria et accomplie dans un esprit tout différent. Il suffit de se reporter au programme du *Journal des Savants* (67) ou aux premières livraisons des *Nouvelles de la République des Lettres* et des *Mémoires de Trévoux* pour s'apercevoir que les journalistes s'intéressent eux aussi à tout ce qui touche à la vie intellectuelle. Mais leur histoire est en quelque sorte une histoire immédiate. C'est à mesure que les ouvrages voient le jour, à mesure que les nouvelles "littéraires" se répandent, qu'ils évoquent les hommes et les œuvres. De ce fait d'ailleurs ils apparaissent comme les instruments d'une mise à jour interrompue de l'historia litteraria (68). Mais, au charme de la nouveauté, ils en ajoutent un autre. Tous, en effet font appel à la collaboration de leurs lecteurs. Bayle déclare ainsi dès 1684 :

> "On espère aussi que les personnes qui ont à cœur l'instruction et la satisfaction publique des gens de Lettres ne nous refuseront pas les secours et les Mémoires dont nous aurons besoin pour compenser cet ouvrage (69)".

Allant plus loin encore dans ce sens les journalistes jésuites proposent que les auteurs fassent eux-mêmes les comptes rendus de leurs ouvrages. La censure du comité de rédaction consistera seulement à vérifier que l'exactitude et la décence sont respectées. Cet appel est assorti de très concrètes indications :

---

(66) Cf. ouvr. cité, chap. I, paragraphes 5.

(67) dont D.F. Camusat donne un résumé, cf. ouvr. cité, chap. I art. 1, p. 3 et p. 20.

(68) Aussi bien dès 1703, Struve leur consacre-t-il un chapitre. Cf. ouvr. cité, chap. VI : "De ephemeridis eruditorum"

(69) *Nouvelles de la République des Lettres*, t. 1, Préface (non paginée).

"Pour faciliter le commerce entre les Savans et les Auteurs des Mémoires (de Trévoux), Monseigneur le Duc de Maine veut bien qu'il y ait dans l'Arsenal, sous l'horloge, une boëte pour recevoir les mémoires particuliers (. . .) (70)".

Il ne s'agit donc pas d'une hypocrite sollicitation. Samuel Masson qui vit en Angleterre et fait imprimer son périodique à Utrecht, laisse son libraire demander aux collaborateurs occasionnels et bénévoles d'affranchir eux-mêmes lettres et paquets (71). Au lieu d'être la spécialité de quelques érudits, l'histoire littéraire devient donc ici une tâche collective à laquelle peuvent contribuer non seulement les littérateurs mais encore ceux des lecteurs qui s'intéressent activement à la vie intellectuelle. Si elle trouve sa place dans les classifications abstraite, elle s'inscrit simultanément de façon concrète dans la vie sociale. Nous n'ignorons pas que, dans les faits, chaque périodique finira par représenter au courant de pensée particulier. Il n'en est pas moins vrai que le phénomène saisi dans son ensemble, a une portée sociologique qui méritait d'être soulignée.

Puisque nous n'avons pas à nous arrêter ici sur les types d'histoire littéraire dont les objectifs sont plus limités, il nous suffira, pour terminer, de montrer comment se sont situés, par rapport aux formes d'histoire littéraire que nous venons d'évoquer, certains autres ouvrages de synthèse. Nous avons déjà cité les titres des livres de Goujet et de Dom Rivet ; ce sont leurs intentions qui nous retiendront maintenant. Or, l'un et l'autre ont d'abord le souci d'instruire. Dom Rivet ne s'en cache pas, qui justifie le didactisme de l'histoire littéraire par celui, traditionnellement admis, de l'histoire :

"L'histoire en général au sentiment de Polybe, est le moien le plus propre et le plus efficace pour former les hommes aux grandes choses. L'histoire litéraire (sic) en particulier ne mérite-t-elle pas à plus juste titre le même éloge puisque c'est par les Letres (sic) que l'on se dispose à figurer dans quelque état que ce puisse être (72)".

Dans une perspective un peu différente, Goujet se vante, lui aussi de vouloir former son public. Avant d'évoquer tous les ouvrages composés en français, alors que Dom Rivet s'intéressait à tous les ouvrages composés par des Gaulois ou des Français —, il indique même précisément les catégories de lecteurs auxquelles il destine son entreprise (73). Il s'agit en premier lieu de ceux, nombreux, qui ont oublié le latin et le grec appris au collège et ne peuvent plus découvrir les Anciens dans les textes originaux ; en second lieu, cette "multitude de gens qui ne fréquentent jamais les collèges". Les dames constituent la plus grande partie de cette seconde catégorie (74). Aussi, qu'elle soit considérée comme le rassemblement du patrimoine culturel national ou comme une voie d'accès à la culture universelle, l'histoire littéraire française méritait d'être placée sur le même plan que l'"historia litteraria". L'abondance de ses objectifs, dont témoigne par exemple l'inter-

---

(70) *Mémoires de Trévoux*, janv. févr. 1701, Préface, paragraphe 9.

(71) *Histoire critique de la République des Lettres*, Utrecht 1712 t. 1, avis du Libraire.

(72) Dom Rivet, ouvr. cité, t. 1, préface, p. II.

(73) C.P. Goujet, ouvr. cité, t. I, Discours Préliminaires, pp. XIII-XXIII.

(74) Ibid.

minable titre de l'ouvrage de Dom Rivet (75), ne se comprend que dans le cadre d'une société où l'autodidactisme était, en fait, la règle.

A les en croire, pourtant, nos auteurs n'auraient pour ainsi dire pas eu de prédécesseurs. Leur second souci est en effet de se démarquer par rapport aux anciens "bibliothécaires". Goujet, qui a pourtant conservé le terme "Bibliothèque" dans son titre estime que son entreprise n'a rien de commun avec celles de la Croix du Maine et de Du Verdier. Dom Rivet qui déplore la "brieveté" de ces auteurs anciens estime lui aussi faire bien autre chose qu'un "simple catalogue des Auteurs François et des écrits qu'ils ont laissés en leur langue". Il ne s'agit là, en réalité que de déclarations d'intentions. Aussi bien, dès la fin de sa préface, l'historien bénédictin se flatte-t-il d'apporter à la République des Lettres :

> "un recueil d'Ecrivains en tout genre de littérature, sinon le plus parfait, au moins le plus ample et peut-être même le plus méthodique dont elle se soit vue enrichie jusqu'ici (76)".

Et nous devinons que Goujet, de son côté, tiendra difficilement ses engagements. En effet, s'il renonce à tout ce qui est biographique pour mieux prendre ses distances par rapport aux répertoires traditionnels, il compte en même temps, pour "jeter de la variété" dans son ouvrage, donner l'histoire anecdotique des livres et rapporter "ce qui les a occasionnés, les disputes qu'ils ont fait naître, les critiques qu'ils ont essuiées" (77). Sans doute le cadre national dans lequel (de deux façons différentes d'ailleurs) ils définissent leur entreprise laisse-t-il prévoir des ouvrages d'un type relativement nouveau. Mais, du point de vue de l'histoire littéraire leur œuvre s'annonce bien plus comme un couronnement que comme une rupture.

L'on comprend plus aisément pourquoi ils ont voulu se démarquer aussi des ouvrages périodiques auxquels ils disputaient le terme même d'histoire littéraire. Un jeu sur l'expression permettrait de dire qu'ils se rangeaient sous la bannière du substantif, abandonnant celle de l'adjectif à leurs rivaux. Curieusement d'ailleurs, alors que leurs ouvrages seront bien plus différents des périodiques que des anciennes "bibliothèques", ils cherchent moins à se distinguer des premiers que des seconds. La hauteur dont ils font preuve à l'égard des "journaux" est, à chaque fois, un hommage qu'ils rendent involontairement à leur utilité. L'un et l'autre, affirmant qu'ils ne se contentent pas de consulter ces travaux de seconde main, en font, du même

---

(75) *Histoire littéraire de la France*, où l'on traite de l'origine et du progrès, de la décadence et du rétablissement des sciences parmi les Gaulois et parmi les Francois, du goût et du génie des uns et des autres, pour les lettres en chaque siècle, de leurs anciennes Ecoles, de l'établissement des Universités en France, des Principaux Collèges, des Académies des Sciences et Belles-Lettres, des meilleures Bibliothèques anciennes et modernes, des plus célèbres Imprimeries, et de tout ce qui a un rapport particulier à la Littérature, avec les éloges historiques des Gaulois et des François qui s'y sont fait quelque réputation, le catalogue et la Chronologie de leurs écrits, des remarques historiques et critiques sur les principaux ouvrages, le dénombrement des différentes éditions ; le tout justifié par des citations des auteurs originaux.

(76) *Ibid.*, préface, p. XXI, Notons qu'en 1758 Durey de Noinville classera l'Histoire littéraire de la France au nombre des "bibliothèques". Cf. *Dissertation sur les Bibliothèques*, Paris 1758. p. 121.

(77) Cf. Goujet, ouvr. cité, p. VIII.

coup, des instruments de travail indispensables. Dom Rivet, partagé entre un nationalisme qui s'imposait (78) et ses prétentions d'historien littéraire souligne, malgré lui, une filiation qui paraît aujourd'hui évidente :

"On ne peut disputer (aux Français) l'honneur de l'invention des Journaux Litéraires (sic), qui ont servi de modèle à ce grand nombre de copies que l'on a vu éclore dans la suite chez les étrangers nos voisins. On étoit en droit d'attendre également de leur habileté et de leur amour pour la patrie qu'ils donnassent une Histoire littéraire de leur nation qui eût répondu à la gloire qu'elle s'est acquise dans les Lettres (79).

L'absence de définitions officielles de notre ancienne histoire littéraire aura eu le mérite de nous contraindre à en reconstituer les éléments et à découvrir ce qui les unit. Absence trompeuse puisque ce qui frappe d'abord c'est l'ampleur de ces annales du monde intellectuel de l'Ancien Régime. De ce point de vue la traditionnelle diversité des domaines concernés n'est pas moins importante que l'essor quantitatif, phénomène nouveau. Il y a bien en effet, une évolution. Le changement affecte la forme même des ouvrages mais aussi les hommes et, dans une certaine mesure, l'ensemble de la société. L'ancienne histoire littéraire étant une sorte "d'histoire de la culture" (80) se trouve directement liée au mouvement historique général. Nous avons déjà entrevu, à ce propos qu'elle pouvait être plus qu'un simple organe d'enregistrement. Pourtant l'évolution n'est pas une révolution. On verra clairement, dans le tableau ci-après, que l'histoire littéraire ne cesse pas d'être à la fois biographique et bibliographique. Aussi bien les représentations historiques du travailleur intellectuel ne trouvent elles alors leur place et leur sens que dans une évocation d'ensemble des activités et des productions de l'esprit humain.

---

(78) et sur la signification duquel nous reviendrons au chapitre VII

(79) Dom Rivet, ouvr. cité p. III.

(80) L'expression est appliquée par M.R. Escarpit à l'*Histoire littéraire* de la France de Dom Rivet. Sa justesse rend d'ailleurs contestable le titre du chapitre dans lequel elle se trouve. Cf. "Histoire de l'Histoire de la littérature" dans *Histoire des littératures*, coll. de la Pléiade, t. III, 1958 p. 1767.

TABLEAU SYNOPTIQUE DE L'HISTOIRE LITTERAIRE
ou
types de représentations historiques
des travailleurs intellectuels et de leurs ouvrages
(1650-1750)

Notes à propos du Tableau

— que l'on s'en tienne à un critère géographique ou à un critère linguistique le tableau de la seule histoire littéraire française n'aurait guère de sens. La synthèse que nous avons tentée d'effectuer ici ne pouvait pas ne pas déborder le cadre national.

— s'agissant des "périodiques" par exemple nos subdivisions ne cherchent pas à définir le genre dans son ensemble mais à délimiter ce qui intéresse le plus directement notre "histoire littéraire".

— c'est à dessein que nous avons placé les premières histoires de la Poésie ou du Théâtre sous la rubrique des traités divers. Les adjoindre aux synthèses d'histoire littéraire nationale, par exemple, eût pu laisser croire à l'existence d'une histoire de la littérature ; cette notion n'a point de sens, croyons-nous, devant la première moitié du XVIIIe siècle.

— le présent Tableau n'est pas absolument complet. Mais il était difficile d'y faire figurer une série de textes partiels : parties de correspondances, de Mémoires, chapitres d'histoire littéraire inclus dans des ouvrages dont le sujet d'ensemble est d'un autre ordre etc.

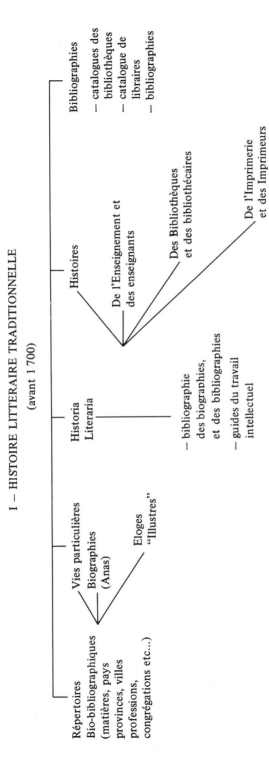

I – HISTOIRE LITTERAIRE TRADITIONNELLE
(avant 1 700)

Répertoires
Bio-bibliographiques
(matières, pays
provinces, villes
professions,
congrégations etc...)

Vies particulières
Biographies
(Anas)

Eloges
"Illustres"

Historia
Literaria

– bibliographie
  des biographies,
  et des bibliographies
– guides du travail
  intellectuel

Histoires

De l'Enseignement et
des enseignants

Des Bibliothèques
et des bibliothécaires

De l'Imprimerie
et des Imprimeurs

Bibliographies

– catalogues des
  bibliothèques
– catalogue de
  libraires
– bibliographies

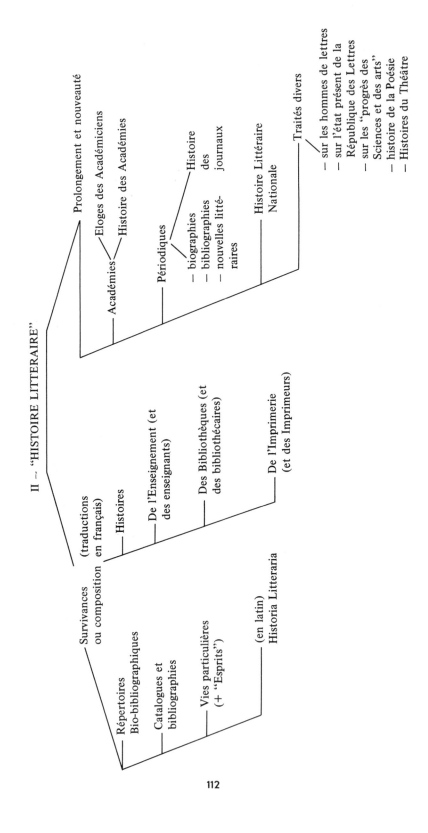

II – "HISTOIRE LITTERAIRE"

Survivances
ou composition

Prolongement et nouveauté

(traductions
en français)

Histoires

Eloges des Académiciens

Académies

Histoire des Académies

De l'Enseignement (et
des enseignants)

Périodiques

Histoire
des
journaux

– biographies
– bibliographies
– nouvelles litté-
raires

Des Bibliothèques (et
des bibliothécaires)

Histoire Littéraire
Nationale

De l'Imprimerie
(et des Imprimeurs)

Traités divers

– sur les hommes de lettres
– sur l'état présent de la
  République des Lettres
– sur les "progrès des
  Sciences et des arts"
– histoire de la Poésie
– Histoires du Théâtre

Répertoires
Bio-bibliographiques

Catalogues et
bibliographies

Vies particulières
(+ "Esprits")

(en latin)
Historia Litteraria

HYPOTHÈSES DE RECHERCHE

Nous avions bâti notre Chapitre I sur l'étude de deux types opposés de représentations des travailleurs intellectuels dans la littérature française du XVIIe siècle. Les unes, bien peu flatteuses étaient présentées par les auteurs, à l'ensemble de leur public, dans des œuvres appartenant à ce que nous appelons aujourd'hui la littérature (Théâtre-Poésie-Roman). Les autres, au contraire, qui constituaient un florilège d'hommages et de louanges étaient le fait d'une histoire littéraire des Sçavans souvent composée en latin et réservée au seul usage interne de la République des Lettres. Nous avions proposé une explication de cette antinomie qui tient, au premier abord, du paradoxe. Mais nous avions aussi analysé quelques phénomènes nouveaux qui, à partir des années 1680, paraissaient annoncer une évolution décisive. Il s'agissait, — avec la multiplication des ouvrages d'histoire littéraire en français et celle des journaux littéraires —, d'une catégorie nouvelle de représentations : les auteurs se permettaient d'offrir à l'ensemble du public une image louangeuse de leurs pairs.

La modification ne touchait donc que l'un des termes du système. Il fallait dès lors se demander : 1) si cette modification partielle allait se confirmer, 2) si elle n'allait pas provoquer un bouleversement complet du système ancien, 3) si un nouveau système allait s'instaurer, dont on pouvait dégager les lignes de force et la signification. Bien entendu, il eût été contraire à l'esprit d'une saine recherche de se laisser enfermer dans les termes d'un schéma initial. Sans doute le jeu d'oppositions que nous venons de rappeler ainsi que son ultime et partielle modification avaient-ils permis de rendre compte des représentations élaborées au XVIIe siècle. Mais nous n'avons pas voulu transformer ce qui n'était que le résultat de nos analyses en une sorte de moteur secret de l'histoire des représentations des travailleurs intellectuels, susceptible de continuer (indéfiniment) à en faire "fonctionner" le mécanisme. Nous nous sommes gardé, en d'autres termes, d'appliquer

8

exclusivement aux œuvres de la première moitié du XVIIIe siècle une grille d'explication établie pour les textes antérieurs. Bien que la nouvelle époque que nous abordions n'ait été marquée par aucun bouleversement social fondamental, nous savions que, pour le domaine limité qui nous intéresse, des éléments, des phénomènes nouveaux et sans justification apparente avaient pu se faire jour. Il s'agissait de rechercher et non seulement de chercher à retrouver. Tels sont les principes qui ont guidé nos dernières investigations et les questions qui les ont animées.

Nous avons étudié un ensemble de textes publiés entre la fin du XVIIe siècle et le milieu du XVIIIe siècle : ouvrages "littéraires" d'une part (théâtre, poésie, roman), et pour une plus grande part, ouvrages d'"histoire littéraire". Une première conclusion générale est à tirer : les représentations de travailleurs intellectuels offertes par ces deux catégories d'ouvrages demeurent suffisamment différentes, dans leur forme comme dans leur orientation, pour que la distinction initialement établie soit définitivement maintenue. L'ensemble de notre travail sera donc divisé en deux grandes parties : la Première Partie consacrée aux représentations offertes par les ouvrages qui ne sont ni des romans, ni des pièces de théâtre, ni des ouvrages poétiques ; la Seconde Partie consacrée aux représentations offertes par les œuvres romanesques, théâtrales et poétiques. Il ne s'agit donc plus tout à fait de la distinction initiale. C'est bien à dessein que nous ne reprenons pas ici, pour les opposer, les termes "littérature" et "histoire littéraire". Celle-ci, en effet, subit des modifications telles, au cours de notre demi-siècle, que certaines des œuvres qui s'y rattachent entrent de plein droit dans la "littérature". Ce que nous tenons à distinguer désormais ce sont donc seulement les représentations de personnages ou de groupes fictifs des représentations de personnes ou de groupes ayant eu une existence réelle. Les titres de nos deux parties recouvriront ces deux classes pour lesquelles nous pourrions retenir provisoirement les deux formules suivantes : images non fictives (Première partie), images fictives (Deuxième Partie) (1).

Si nous renonçons à l'opposition littérature — histoire littéraire, l'étude de cette dernière s'est avérée particulièrement fructueuse pour la période 1700-1750. Elle nous a conduit à une série de conclusions dont les unes viennent renforcer les conclusions antérieures, tandis que les autres, au contraire, nous engagent sur des voies nouvelles et parfois inattendues.

Le phénomène le plus frappant est une confirmation : les ouvrages d'histoire littéraire sont de plus en plus nombreux et il est très vraisemblable que le coefficient de croissance de l'histoire littéraire tout au long du demi-siècle est supérieur au coefficient de croissance de l'ensemble de la production imprimée pour la même période. Nous avons également constaté

---

(1) Il ne s'agit évidemment pas d'une distinction entre des images "vraies" et des images moins "vraies". Tel éloge d'académicien pourra être moins authentique que, dans un roman, le portrait "typique" d'un philosophe imaginaire. Au demeurant, le problème de la véracité des représentations ne nous intéresse qu'indirectement : notre travail ne consiste pas à confronter l'image littéraire à ce que l'on suppose avoir été la condition réelle des hommes de lettres.

que l'histoire littéraire continuait d'être le lieu privilégié de la représentation des travailleurs intellectuels. Puisque c'est entre 1700 et 1750 que naît et se développe notre histoire littéraire nationale (2), il nous paraît justifié de lui consacrer toute une partie de notre travail (la Première Partie) et de faire figurer le terme "histoire littéraire" dans le titre de cette partie : "La représentation du travailleur intellectuel dans les ouvrages d'histoire littéraire publiés durant la première moitié du XVIIIe siècle" (3).

A la fin de notre Premier chapitre nous constations que la traditionnelle "Histoire Littéraire des Sçavans" allait probablement disparaître pour laisser la place à des formes nouvelles d'histoire littéraire. Cette hypothèse n'était pas inexacte mais certains phénomènes nouveaux sont venus bousculer nos prévisions (4).

Sans doute les journaux littéraires, dont l'apparition nous avait paru significative, vont-ils se multiplier et continuer de jouer leur rôle. Ils finiront même par avoir dans la vie intellectuelle (française et européenne) une importance que l'on n'eût pas souspçonnée en 1665 ou en 1685 ; le type nouveau d'ouvrages proposés au public et cette espèce nouvelle de littérateurs que l'on appelle les "journalistes" ou les "écrivains périodiques" seront d'ailleurs l'objet de très vifs débats. Dans la nouvelle République des Lettres on en viendra à afficher beaucoup de mépris pour une institution avec laquelle chacun, en réalité, devra se compromettre à un moment ou à un autre.

Dans le même temps, une autre institution nouvelle vient transformer les modes anciens de représentation des travailleurs intellectuels. Avec le développement des académies déjà existantes et l'apparition de nouvelles académies en province et à l'étranger, une floraison de textes vont paraître qui évoquent les destins méritants ou glorieux d'une élite de littérateurs, ainsi que les formes nouvelles du travail intellectuel. C'est grâce surtout à Fontenelle que les éloges académiques s'imposeront comme un véritable genre littéraire. Mais les émules du premier Secrétaire de l'Académie des Sciences, – de Gros de Boze à J.H.S. Formey ou d'Alembert – s'efforceront de maintenir la représentation louangeuse de leurs pairs au niveau de la grande littérature. Cette conquête ne s'effectuera pas, elle non plus, sans difficultés. Et à la fin de la période qui nous intéresse, au moment où le "parti des philosophes" entre en force à l'Académie Française, l'on en viendra même à se demander si la multiplication des académies n'est pas un phénomène nuisible à la vie intellectuelle du pays.

C'est probablement le succès des périodiques et celui des recueils d'éloges académiques qui ont favorisé l'éclosion de genres subalternes d'histoire littéraire. Le genre ancien des "anas" est abondamment représenté et

---

(2) Cf. l'étude partielle que constitue notre article, sur les Eloges d'Antoine Teissier, R.H.L.F., mars-avril 1972, pp. 234-246.

(3) "La représentation dans l'histoire littéraire de la première moitié du XVIIIe siècle" pourrait prêter à confusion.

(4) Nous devrons, par conséquent, modifier la rédaction de quelques passages du Chapitre I.

l'on remarque qu'il se transforme de la même façon que les autres ouvrages d'histoire littéraire. Il est marqué néanmoins par un discrédit de plus en plus vif. Mais, dans son sillage, apparaissent des abrégés de toutes sortes, et notamment ces "esprits" dans lesquels on prétend, au moyen d'un recueil de mots ou d'actions d'une authenticité souvent incertaine, reconstituer la personne d'un littérateur disparu et le sauver de l'oubli. Nombre de "Mélanges" et de "Mémoires de littérature" sont à ranger dans la même classe. Beaucoup de ces livres obtiennent au moment de leur publication un succès de curiosité ; mais la plupart sont aujourd'hui oubliés. S'ils ont pu constituer une sorte de mode c'est qu'ils exploitaient l'intérêt alors nouveau pour toutes les évocations de la République des Lettres.

Le même phénomène explique que se développent également les secteurs non plus subalternes mais marginaux de l'histoire littéraire : ceux dans lesquels nous rencontrons les représentations de ces littérateurs marginaux que sont les enseignants, les bibliothécaires, les imprimeurs et typographes. A vrai dire, ces hommes, que nous serions tenté aujourd'hui de considérer comme les véritables travailleurs intellectuels, avaient toujours eu leur place dans l'histoire littéraire traditionnelle. Ils la conservent dans l'histoire littéraire du XVIIIe siècle dont on voit ainsi les différences considérables avec notre moderne histoire littéraire où l'esthétique (les esthétiques successives) est au moins aussi importante que les questions de biographie et de bibliographie, et qui s'est délestée de l'histoire de l'enseignement, de celle des bibliothèques, de celle de l'imprimerie et de l'édition (5). Entre 1700 et 1750 quel auteur n'a pas été enseignant ? bibliothécaire ? voire correcteur d'imprimerie ? Il ne fait pas de doute que les contacts étaient alors beaucoup plus étroits qu'ils ne le sont aujourd'hui entre le monde de la "librairie", de l'enseignement ou des bibliothèques et celui de la "littérature". Cet arrière-plan explique l'intérêt d'une série abondante de représentations que nous ne devions pas laisser de côté.

Si, dans son ensemble, le développement de l'histoire littéraire est considérable, on voit qu'il prend des formes très variées et d'une valeur inégale. Il eût été logique de supposer que les grands ouvrages systématiques d'histoire littéraire française (6) entrepris à cette époque constitueraient un couronnement. Or, l'évolution que nous avions vu s'amorcer, qui s'est confirmée aux moins dans ses grandes lignes, est bien loin de trouver son apothéose avec *l'Histoire Littéraire de la France* des bénédictins de Saint-Maur, avec *l'Histoire de la Littérature Française* de l'abbé Goujet, ou avec les quarante trois volumes de *Mémoires* du Père Niceron. Dom Rivet meurt en 1749 ayant tout juste eu le temps d'aborder le XIIe siècle ; quelques années

---

(5) Il serait d'ailleurs souhaitable que les "histoires littéraires" des siècles classiques composées de nos jours redonnent à ces secteurs une place au moins égale à celle qu'ils avaient dans l'histoire... littéraire de l'époque.

(6) l'expression "histoire littéraire française" nous permet de désigner à la fois les ouvrages d'histoire littéraire composés en français et ceux consacrés à l'histoire littéraire de la France. Nous n'avons pas éludé ce problème mais il nous fallait ici une expression commode.

plus tard le continuateur de Moreri interrompt son ouvrage alors que son Histoire n'est encore que celle de nos "Grammairiens", de nos "Orateurs" et de nos "Poètes" ; l'œuvre du Père Niceron enfin, achevée matériellement, était conçue d'une façon telle qu'elle laissait encore attendre une véritable synthèse. A la frontière même de notre période le jésuite Lambert parvenait seulement à donner une *Histoire Littéraire du Siècle de Louis XIV :* compilation hâtive qui tendait surtout à flatter l'arrière petit-fils du Roi-Soleil. Surprenants échecs, et trop nombreux pour être mis au seul compte de l'impuissance de quelques-uns. Le succès des diverses représentations des littérateurs anciens ou contemporains restait limité. Sans doute la rencontre s'était-elle effectuée entre la République des Lettres et le public ; mais ce contact, déjà chargé d'ambiguïté, n'intéressait qu'une petite partie de la nation. L'idée d'un patrimoine intellectuel commun avait pu se faire jour : elle n'avait point été l'occasion d'un chef-d'œuvre. Au demeurant la carrière de notre ancienne histoire littéraire allait être en quelque manière brisée, avant même le bouleversement de 1789, par l'éclosion de la notion nouvelle de "littérature".

Mais cette sorte d'échec historique n'est pas le phénomène qui dérange le plus fortement nos prévisions. Nous ne nous attendions pas en effet à voir survivre l'histoire littéraire composée en latin. Or, loin de se contenter de ne pas disparaître, elle connaît un incontestable regain. Il s'agit d'ailleurs d'un phénomène d'ampleur européenne qui, s'il intéresse surtout les pays germaniques, oblige pourtant notre propre étude à sortir du cadre national. Mais, pour déroutant qu'il soit au premier abord, le fait s'explique précisément à notre avis par le développement même des nouvelles histoires littéraires nationales. Ce n'est pas qu'il traduise le besoin de reconstituer ce domaine réservé dont l'histoire littéraire traditionnelle avait tenu lieu dans l'ancienne République des Lettres. Il représente plus vraisemblablement le recours ultime devant une floraison désormais disparate. Logiquement au fond, le latin est choisi comme moyen d'empêcher que les différentes histoires littéraires nationales, comme d'ailleurs les différentes productions imprimées nationales dans leur ensemble, ne deviennent totalement étrangères les unes aux autres. Trait d'union essentiellement matériel, seul véhicule désormais possible d'un répertoire des répertoires : aussi bien les ouvrages dont les titres font survivre l'"historia litteraria" sont-ils plutôt des histoires de l'histoire littéraire (histoires des différentes histoires littéraires). Ce sont eux qui, paradoxalement, jouent pour les littérateurs de l'époque le rôle que jouent pour nous les vraies bibliographies.

Il est clair que le schéma issu de la phase précédente de nos recherches se trouve finalement modifié de fond en comble. L'ensemble des représentations non-fictives que les littérateurs offrent d'eux-mêmes sont destinées à un public dont on attend une considération réelle. De "privée" qu'elle était, l'image favorable devient "publique" et se diversifie, accédant à la dignité d'un grand genre, cherchant sa voie aux côtés de l'Histoire nationale, constamment présente au centre de la vie intellectuelle. Il nous a paru nécessaire de l'étudier sous ses différentes formes nouvelles. Il conviendrait d'évaluer leur importance et leur signification relatives en essayant de les mettre en rapport avec certains groupes ou courants sociaux.

Sans anticiper sur les conclusions auxquelles nous arriverons à propos des représentations fictives, nous pouvons établir dès maintenant un lien entre la Première et la Deuxième Partie. L'abondance des représentations non-fictives et l'intérêt qu'elles suscitent témoignent de l'intérêt nouveau qui est porté aux littérateurs dans la société française du XVIIIe siècle. Mais du même coup elles expliquent sans doute en partie la surprenante indigence des représentations fictives ; ce demi-siècle qui nous intéresse n'a laissé aucune grande œuvre littéraire dont le personnage principal soit un auteur : si l'on rencontre de nombreux littérateurs dans les romans ou les œuvres théâtrales, il n'en demeure pas moins impossible de parler de l'éclosion d'un thème. Il semble donc que sur ce point l'histoire littéraire ait joué, si l'on peut dire, contre la littérature. Dans les romans, les contes, les œuvres dramatiques parus entre 1700 et 1750, il nous a paru jusqu'ici qu'une seule représentation s'était imposée comme un leitmotiv (mais jamais avec la force et la consistance d'un thème) : celle du "philosophe". Personnage aux multiples visages, image floue et complexe, enjeu trouble de querelles personnelles ou de débats d'une grande portée. Mais dans tous les cas semble-t-il, le "philosophe", c'est le littérateur réduit à tout ce qui n'est pas le travail intellectuel concret : une certaine conception du monde, de l'existence, bref une "pensée". Mais par cette seule pensée, et précisément parce qu'il se trouve débarrassé des oripeaux du créateur laborieux, le "philosophe" se présente comme un personnage idéal, modèle possible pour tous, littérateurs et lecteurs. Il serait prématuré d'évoquer ici les diverses orientations qui affectent cette représentation controversée. Nous retiendrons seulement ici l'existence d'une image fictive qui voile les problèmes spécifiques du créateur intellectuel pour faire de lui une sorte de prototype à la fois moral, social et intellectuel. Nous signalerons également que, dans le même temps, un autre motif littéraire se développe, qui prendra toute son importance dans la seconde moitié du siècle : celui de "génie", antithétique en tous points au précédent. Il est bien certain que ces deux types de représentation prennent d'abord leur signification l'un par rapport à l'autre. Mais l'on aperçoit déjà également quelques-unes des lignes de force du schéma que nous pourrons finalement établir, pour rendre compte de l'ensemble des représentations du travailleur intellectuel dans la "littérature" (œuvres de fiction et d'histoire littéraire) française au milieu du XVIIIe siècle.

TABLE DES MATIÈRES

TABLE DU CHAPITRE I

I. LES IMAGES DEPRECIATIVES DU LITTERATEUR   p. 11

  A) Portrait reconstitué.
  B) Gloire Littéraire et gloire militaire.
  C) Les auteurs et leur pauvreté.
  D) Essai d'explication.
  E) Une confirmation : Les Dédicaces.

II. LA REPUBLIQUE DES LETTRES CELEBRES SES HOMMES ILLUSTRES   p. 28

  A) Objet de "L'Histoire Littéraire des Sçavans".
  B) Bibliographie de "L'Histoire Littéraire des Sçavans".
  C) Des livres à l'image et à l'honneur des Littérateurs.

III. LES LITTERATEURS ET LA SOCIETE A LA FIN DU XVIIe SIECLE   p. 49

  A) Un progrès incertain.
  B) Le renouvellement de "L'Histoire Littéraire des Sçavans".
  C) L'apparition des ouvrages périodiques littéraires.
  D) La Bruyère et la reconnaissance des travailleurs intellectuels.

IV. 1654-1769 : L'UNIQUE TRAITE CONSACRE A L'HOMME DE LETTRES   p. 67

  A) *Dell'Uomo di Lettere* (1645).
  B) *La Guide des Beaux-Esprits.* (1654).
  C) *L'Homme de Lettres* (1769).

TABLE DU CHAPITRE II

I. LES MOTS   p. 85

  A) "Lettres" — "Sciences" — "Littérature"
  B) Vers la Littérature
  C) "Littéraire"
  D) "Histoire Littéraire"

II. LA CHOSE p. 100

    A) Les systèmes bibliographiques
    B) Les programmes d'Histoire Littéraire

III. TABLEAU SYNOPTIQUE p. 110

HYPOTHESES DE RECHERCHE p. 113

IMPRIMERIE LOUIS-JEAN

Publications scientifiques et littéraires

TYPO - OFFSET

05002 GAP - Téléphone 51-35-23 +

Dépôt légal 255 - 1973